Les Années Solex

Du même auteur

Aux Éditions Rabelais

Balzac amoureux, 2016.

Aux Éditions Nouvelles Lectures

Stendhal se démasque, 2016.

Aux Éditions Flammarion

Le Bonheur en prime, 2014.

Oublier Marquise, 2013. J'ai lu, 2014.

La Revanche de Blanche, 2012. J'ai lu, 2013.

Le Salon d'Émilie, 2011. J'ai lu, 2012.

Aux Éditions Alphée

La Beauté des femmes mûres, avec Claude-Henry du Bord, 2010.

Aux Éditions du Rocher

Nous les bons vivants, ras le bol des rabat-joie, avec Claude-Henry du Bord, 2010.

Ami amie pour la vie, avec Claude-Henry du Bord, 2009.

Aux Éditions J.C. Lattès

Les Nouvelles Provinciales, 2008. J'ai lu, 2010.

Les Grandes Bourgeoises, 2006. Pocket, 2007.

(*Suite en fin d'ouvrage*)

Emmanuelle de Boysson

Les Années Solex

Roman

Éditions Héloïse d'Ormesson

www.editions-heloisedormesson.com

ISBN 978-2-35087-393-0

Pour Capucine, Sophie et Rose.

1

LES PHOTOS NE DISENT PAS GRAND-CHOSE de qui nous sommes. Celles où je figure aujourd'hui ne me ressemblent pas, ne me ressemblent plus. Sur mon bureau, j'en ai disposé quelques-unes, de différentes époques. Parmi elles, il en manque une. Je l'imagine souvent. Elle m'aurait sans doute réjouie. Peut-être m'aurait-elle apaisée, quoique… C'est l'image où je me reconnaîtrais, celle que j'aimerais plus que tout, celle qui aurait été prise ce matin de Toussaint alors que je descendais de la micheline qui nous conduisait, ma cousine Camille et moi, chez nos grands-parents. J'avais quatorze ans. La vie semblait s'ouvrir devant moi. C'est ainsi qu'il y eut, avant que tout ne se referme, une belle échappée dont il me reste, dans l'armoire de la salle de bain, un flacon de *Jolie Madame* aux effluves si sucrés qu'une goutte suffit pour que je me souvienne.

J'ai toujours eu un faible pour les garçons légèrement parfumés, les garçons à mèche brune. Sur mes cahiers de lycéenne, je dessinais leurs silhouettes, sourires esquissés, blousons et ceinturons de mes idoles dans *Salut les copains*, écharpe façon Gorki sur veste cintrée à grosses côtes qui leur donnait une dégaine décontractée.

Je revois le pantalon rouge de Patrice lorsqu'il m'est apparu dans une lumière éblouissante, ce matin de novembre, à la gare du Mullerhof. Patrice Lanterneau, ce nom brille dans ma mémoire comme les lampions accrochés au dernier wagon du tortillard qui serpente entre les pins bleutés vers le Jardin d'Acclimatation, ses miroirs déformants, sa rivière enchantée, son Guignol, où nous allions nous étourdir à Paris avant la rentrée des classes.

La micheline écarlate roulait le long des champs de la vallée de la Bruche. Des vaches grasses ruminaient à l'ombre des vergers. Je portais un jean rouille pattes d'eph choisi dans ma collection, en direct de l'usine. Mon père fabriquait du velours, du côtelé, du froissé, du frappé, mais aussi du lin, de la soie ou du mohair. Dans notre maison à Mulhouse, on jouait sur du velours. Bleu-gris passé, les rideaux du salon assortis aux canapés ; vieux rose, les murs et le fauteuil crapaud de ma chambre. Tee-shirt noir, foulard indien bardant mon front, une dizaine de bracelets aux poignets, affalée sur la banquette de Skaï orange, je tirais sur ma Kent sans avaler la fumée. Camille baissa la tête pour brosser son épaisse chevelure brune. Des yeux légèrement bridés, un air de Marie-José Nat à ses débuts, Poisson ascendant Taureau, un mois de plus que moi, déjà réglée depuis un an, cette peste ne doutait de rien. Avec ce ton de supériorité des filles qui affichent leur conquête, elle claironnait : je sors avec Marc. À vrai dire, je ne voyais pas ce qu'elle trouvait à ce blond frisotté, dégingandé et timoré. Nous ne partagions décidément pas les mêmes goûts.

Tôt le matin, nous avions pris le train à Mulhouse, changé à Strasbourg, d'où il faut compter une demi-heure de trajet jusqu'au château de Mullerhof. On s'arrêtait à tous les villages, chacun son clocher de tuiles, ses maisons à colombages aux volets pimpants et aux balcons chargés de géraniums. Un coup d'œil au miroir vissé au-dessus de la banquette, un trait de khôl autour des yeux. Mes joues sentaient encore l'enfance. À Urmatt, la dernière bourgade, j'attrapai mon sac en vitesse en pensant aux recommandations de maman. Elle n'était pas emballée à l'idée de me laisser aller avec Camille chez mes grands-parents, prétendait qu'elle me dévergondait. Je trouvais cela injuste. Camille avait le droit de sortir, Camille se pomponnait, blaguait, draguait, mais quand elle me serrait dans ses bras en chantonnant : *je t'aime, ma Juliette*, elle était toute à moi.

À côté d'elle sur la banquette, une vieille dame permanentée bleu-gris se gavait de mirabelles sirupeuses et crachait les noyaux dans un mouchoir à carreaux. L'air était plein d'odeurs de prés, de pommes, de bouses. Une sonnerie stridente résonna avec insistance. L'agent des chemins de fer fit tourner la manivelle de son petit manège, agita un drapeau rouge. La barrière tomba.

C'était une gare minuscule, comme celle du train électrique de Jean-Loup, mon petit frère. La micheline siffla. Camille trépigna sur le marchepied, sauta sur le quai, se précipita vers Christian, notre cousin rouquin. Pommettes attaquées d'acné, une vraie pizza au chorizo, il tendit son long nez vers la portière. Le moins que l'on puisse dire, c'est qu'il n'avait pas l'esprit d'un Cyrano. À cheval sur une barrière, un garçon clignait des yeux. Le rouge de son jean en velours me claqua au visage. La même couleur, le même frappé que le mien. Un jeune homme raffiné, pas comme les autres, me dis-je. Je l'observais du coin de l'œil, le sac en toile à mes pieds sur le gravier. À contre-jour, il fit celui qui ne m'avait pas vue. Comme je n'osais pas aller à sa rencontre, j'agitai doucement les doigts.

Camille m'avait parlé de lui. Patrice était le fils des meilleurs amis de ses parents, ma tante Monique et oncle Daniel. Elle le considérait comme un frère. Le dimanche, il venait souvent leur rendre visite avec son père, Gérard, à Wesserling, au fond de la vallée de Thann. Monique organisait des balades dans les Vosges : pique-nique, cueillette de myrtilles, de champignons, toujours une nouvelle ferme-auberge à découvrir sur les ballons bleus. Ma mère soutenait que Monique en pinçait pour Gérard, mais je la soupçonnais d'être jalouse de sa belle-sœur, qui ne se privait pas de la moucher. Au cours d'un déjeuner, Monique s'était même vantée devant toute la famille d'être la femme du fils aîné, qui hériterait plus tard du Mullerhof. Maman en avait été mortifiée. Moi, j'admirais ma tante : elle savait s'imposer avec aplomb, ce qui lui conférait un certain charme.

Aussi pétulante que sa mère, Camille aurait séduit un boucher, un militaire ou un curé. Elle se jeta dans les bras de Christian qui ricanait bêtement. Patrice descendit de la balustrade avec la nonchalance d'un cow-boy. Longue mèche brune, yeux verts, des traits presque féminins, il avait l'allure féline des figurines que je croquais dans mon journal, celle des garçons dont j'avais rêvé pendant les longues siestes d'été. Camille s'élança vers lui, ébouriffa ses cheveux dans un élan d'affection qui m'étonna. J'embrassai mon cousin en oubliant ses boutons, m'approchai de Patrice, l'air désinvolte. Un mélange d'acacia et de glaïeul, plus entêtant que le Schiaparelli de ma grand-mère de Paris, me monta à la tête. L'amour, à cet instant, sentait le musc.

Sur le chemin de terre qui descendait vers le Mullerhof, Graufel, le fermier, nous salua du haut de son tracteur. L'été, j'aimais y monter lorsqu'il manœuvrait la moissonneuse-batteuse dans la poussière jaune des blés. Camille riait aux blagues de Christian. Patrice s'empara de mon gros sac – un geste qui me toucha, moi qui n'étais pas habituée aux garçons attentionnés. À la sortie du lycée, des gars postés sur leurs mobylettes sifflaient les filles. Adrienne, une Italienne de ma classe, et Élise, la fille d'un marchand de meubles, grimpaient sur le porte-bagages de leur petit ami pour aller prendre un pot chez Hug ou au Moll, le QG des jeunes de Mulhouse. Moi, je rentrais seule à la maison sur le Solex orange que Jackie, le fils du garagiste, m'avait offert pour mes quatorze ans.

Orange, la couleur dans le vent. À notre retour du Maroc, un an plus tôt, en robe à smocks et socquettes blanches, j'étais une vraie godiche. Mon parrain voulait me gâter. Comme toujours, ma mère avait suggéré quelque chose d'utile, un cartable ou une trousse de toilette. Pour l'embêter, il m'avait offert une chemise et des chaussettes orange. L'orange de la combinaison de Françoise Hardy, de la minijupe de Jane B., de Carnaby Street. Dans ces années-là, tout était orange : téléphones, moquettes, cravates, bottines à zip, chaises à tubulures, lampes en Plexiglas… Et cet orange sur un bermuda blanc m'avait fait entrer dans la bande de *Salut les copains*, de Jacques Dutronc, Johnny Hallyday et Michel Polnareff. Le monde de Camille. Depuis Woodstock, j'avais laissé tomber les chanteurs français pour la musique pop, Jimi Hendrix, Santana, Joe Cocker, les Soft Machine, les Beach Boys et compagnie.

À côté de Patrice, je me sentais *in*. Il voulait tout savoir sur la ferme, les vaches, les chevaux, les lapins et les moutons. Je ne voyais que son profil grec, ses longs cils recourbés, sa fossette au menton, sa cicatrice au-dessus du sourcil droit et son grain de beauté au coin de l'oreille.

La propriété de brique rouge surgit derrière une allée de marronniers. Avec ses tourelles, ses balcons inutiles et ses mâchicoulis de pacotille, le Mullerhof peut passer pour l'un de ces châteaux en carton-pâte des forêts d'Autriche, folies de Louis II de Bavière, fou amoureux de sa cousine Sissi. Ici, entre les bois, la ferme, la fabrique de mon grand-père qui empestait le plastique, la chapelle où reposent nos ancêtres, le lac et la Bruche, mes grands-parents vivaient dans un monde clos. Ici, le temps s'était arrêté.

Quelques marches de pierre menaient à une entrée encombrée de fusils de chasse, de clubs de golf, de bottes et de sabots. Dans le salon des boiseries, ma grand-mère nous attendait pour le thé. Chemisier en mousseline crème, longue jupe plissée, chignon cloche de travers, elle nous embrassa tendrement et, de sa voix empreinte de retenue, me conseilla d'enlever mon foulard qui ne lui semblait pas convenable dans un salon. Patrice se pencha pour un baisemain. Camille bondit vers le téléphone. Une main devant la bouche, elle chuchotait. Je suppose qu'elle appelait Marc, son jules, ce qui me parut culotté. Ma grand-mère lui ordonna d'abréger la conversation, servit du Darjeeling, des sablés, et se tourna vers Patrice.

– Vous jouez au tennis ?

– Plutôt bien, dit-il.

Bonne-maman n'insista pas, mais à son toussotement, je sentis poindre une légère gêne. Sans doute craignait-elle que ses petites-filles ne soient émoustillées par ce garçon charmant. Mon cousin proposa un double mixte. Camille et moi allâmes nous changer.

Sous l'œil des sangliers et des cerfs empaillés du grand escalier de marbre à double révolution – imaginé par une vieille tante loufoque qui voulait s'offrir un château m'as-tu-vu –, je caressai les lèvres de la statue d'éphèbe sur lesquelles, il y a peu, je m'initiais au bouche-à-bouche, cherchant à deviner des sensations qui m'échappaient encore, déçue que mon partenaire n'y mette pas du sien. Toutes guillerettes, en jupette, raquette à l'épaule, Camille et moi descendîmes dans le jardin main dans la main. Patrice avait gardé son jean. Postée sur la terrasse, ma grand-mère nous observait. Christian smashait avec panache, montait à la volée, frappait comme un bourrin en criant : et vlan, en plein dans le mille. Lassé par ses assauts, Patrice se mit à jouer avec moi, abandonnant Camille aux salves du rouquin. De longs échanges complices où sa balle rebondissait mollement au fond du court. Malgré mes vieilles baskets, je cavalais en tous sens, essayant de mettre en pratique les conseils de mon professeur de tennis au club de Mohammedia – une petite cité balnéaire marocaine où nous avions vécu pendant sept ans. Christian rata un coup droit d'attaque de Camille, jeta sa raquette et déclara forfait. Patrice posa la main sur mon épaule, me demanda si je montais à cheval. À Mohammedia, j'avais pris des cours dans un manège, mais je craignais les ruades. Il me conseilla de choisir un alezan docile, m'assura que je ne risquerais rien.

Je le crus. Dans l'étable, en équilibre sur des tabourets, des femmes étaient occupées à traire des vaches. Graufel me confia T'en-Fais-Pas. Patrice grimpa sur Rumba, une jument blanche peu débourrée. Pendant que Camille et Christian grappillaient des mûres, T'en-Fais-Pas amblait paisiblement, Patrice galopait avec aisance. Bien en selle, bride serrée, je cravachai ma monture qui le suivit au trot enlevé. Après deux tours de piste, Rumba rua. Le nez dans les pissenlits, Patrice gémissait. Je me précipitai.

– Tu t'es fait mal ?

Il ouvrit les bras, me fit rouler dans l'herbe où voltigeaient sauterelles et moucherons.

Sous un saule pleureur, à moitié endormi sur une chaise longue, havane au bec et chapeau bavarois, oncle Édouard surveillait Aspro, le chat noir que sa femme, tante Crin, la teigne de la famille, raide comme un passe-lacet, le cou cerclé par une collerette empesée, promenait au bout d'une longue laisse, sur le chemin de la chapelle. Nous passâmes devant elle en courant. La moue dégoûtée, elle tira Aspro d'un coup sec pour l'empêcher de se purger aux colchiques. Dans cette chapelle où nous avions mimé tant de mariages entre cousins, Patrice s'agenouilla sur un prie-Dieu éventré. La lumière jouait avec les vitraux bleutés. Il m'embrassa au creux de l'oreille.

– On se marie ?

Sur l'autel, Christian singeait une bénédiction. Alors que Camille frappait les touches d'un harmonium, un bruit de canne retentit sur les dalles de l'entrée. Clopinant, oncle Édouard pointa son bâton de maréchal vers nous.

– Vous n'avez pas honte ? C'est un lieu de culte. Sortez d'ici.

Notre quatuor se dispersa dans les prés qui s'étendaient jusqu'à l'étang, où un canoë était amarré entre les joncs. L'eau sentait la mousse et le fretin. À la poupe, je laissais courir mon regard sur les reflets roses et mauves du soleil, derrière la rame qui les brisait. Christian fit tanguer l'embarcation, poussa des cris de Sioux, provoquant la fuite des gardons et des carpes. Nous atteignîmes une petite île où nous construisions des cabanes éphémères. À peine débarqué, Christian s'aventura sous les branchages avec Camille. Munie d'un bout de bois, j'écartai des algues vertes à la recherche de quelques grenouilles ou salamandres. À côté de moi, Patrice faisait ricocher des galets avec adresse. À son poignet, une gourmette en argent sur laquelle était gravé son prénom en lettres noircies. La même que celle de Jean-Claude Deschamps, le Franco-Espagnol de ma classe à Mohammedia que ma mère trouvait vulgaire. Les mains blanches et fines de Patrice firent voler un caillou blanc sur l'onde, qui s'étira en points de suspension. Effeuillant une fougère, j'hésitais entre les trois sujets de conversation conseillés par maman quand on est avec un garçon : le sport, les films, le lycée. Patrice s'assit, mâchant un brin d'herbe.

– Qu'est-ce qu'il fait, ton père ?

Je ne savais pas s'il fallait lui dire qu'il était président-directeur général. Au Maroc, nous n'avions pas le droit de parler du travail de papa. Je décidai de rester discrète.

– Il dirige une usine de textile.

Patrice enleva ses baskets, tâta l'eau, soupira :

– Un patron quoi, un homme puissant qui fait la pluie et le beau temps !

Un peu choquée qu'il se moque de mon père, je me souvins que maman m'avait dit que Gérard Lanterneau avait été VRP avant de monter sa boîte de commerce de surgelés. Lui aussi était donc un patron. À dix-sept ans, Patrice a du caractère, l'esprit critique, me dis-je, mieux vaut faire valoir le bon côté de papa.

– Il est très humain, tu sais, très juste.

– Si tu le dis, sifflota Patrice. Quel genre de tissus ils fabriquent à l'usine ?

– Du velours, toutes sortes de velours. Mon jean vient de là-bas.

– Il te va vachement bien. Tu crois que je peux en avoir un à prix d'usine ? fit-il en s'essuyant les pieds sur l'herbe avant de nouer ses baskets.

Je préférai rester évasive. Pas sûr que mon père accepterait, il avait horreur des passe-droits.

– Si c'était gratuit, reprit Patrice, ce serait dément !

– Rien n'est gratuit ! Tu ne le sais pas encore ?

En guise de réponse, il attrapa une brindille qu'il agita comme une baguette de sourcier. Son insistance me fit sourire : il avait beau juger mon père, il était prêt à profiter de la situation. Peut-être avait-il peu d'argent de poche, obligé de faire des petits boulots pour gagner de quoi s'offrir des pots ? De la Kronenbourg plutôt que du Coca.

Pour rassembler les troupes, la cuisinière sonna le gong. Dîner.

Moustache affûtée, mon grand-père rentrait de la chasse au gros. L'air malicieux, il enleva son chapeau à plumes de faisan, laissant apparaître un crâne dégarni et se vanta d'avoir tiré un chevreuil de son perchoir. Lorsqu'il se servit un cognac bien tassé, ma grand-mère lui jeta un regard désolé.

– Paul, ce n'est pas raisonnable.

Il fronça les sourcils.

– Pourquoi donc ?

Bonne-maman secoua une clochette d'argent. À table, mains jointes, yeux clos, elle récita le bénédicité. Patrice leva les yeux vers le lustre de cristal. Tablier immaculé attaché par un gros nœud dans le dos, fraîche comme un drap qui claque au soleil, Antoinette, la cuisinière, se dandina vers ma grand-mère et lui présenta dans une terrine bleu de Prusse un baeckeoffe d'où montaient des fumets de choux. Comme à son habitude, bon-papa nous servit du riesling, un verre plein pour les garçons, une larme pour ses petites-filles. Christian, qui avait rencontré Patrice aux Glénan et l'avait invité au Mullerhof, raconta leurs régates, causa bourse et placements – son père était banquier. Je me régalais des poireaux et des oignons de la potée, poussant la viande sur le bord de mon assiette, quand ma grand-mère interpella Patrice.

– Quel est votre parfum, mon cher ?

– *Jolie Madame* de Balmain.

– Ça cocotte, votre affaire ! Un conseil : changez-en.

Et bonne-maman esquissa un sourire, ce sourire que j'aimais tant, plein d'indulgence et de bonté. Puis, elle fit signe à Camille d'enlever ses coudes de la table. Les choses avaient changé depuis l'époque où nous n'avions pas le droit de prendre la parole pendant les repas, mais ma grand-mère s'efforçait de maintenir un semblant de bonne éducation, un esprit de famille aussi. Elle tenta d'élever le débat, nous apprit que tante Charlotte et son mari étaient partis en Égypte avec tante Julie et son époux volage.

– J'espère que ma fille saura se tenir, glissa bonne-maman, dont le visage se chiffonna.

Se méfiait-elle de la légèreté de tante Charlotte, belle comme Grace Kelly, mariée à l'âge de dix-huit ans à un homme de vingt ans de plus qu'elle ? Lorsque bonne-maman fixa Patrice avec un soupçon de reproche, je me demandai si son inquiétude à propos de la descente du Nil n'en cachait pas une autre. Quelques jours plus tôt, j'avais surpris ma mère dire à mon père, dans un soupir : Monique entretient une liaison avec Gérard. Je n'y avais pas attaché d'importance, n'arrivant pas à croire que ma tante puisse tromper oncle Daniel. Au regard voilé de ma grand-mère, à sa manière de pincer les lèvres, j'en conclus qu'elle n'appréciait pas la présence de Patrice. Elle avait accepté de le recevoir, mais il était le fils de l'amant présumé de sa belle-fille. Il incarnait l'adultère, il sentait le soufre. Sans doute s'en aperçut-il, puisqu'il se mit à rire nerveusement en se tournant vers Camille. Et elle, que savait-elle des amours de sa mère ? J'avais plutôt l'impression que la situation l'arrangeait. Sans se préoccuper de la réserve de bonne-maman, elle piqua un bout de saucisse dans l'assiette de Patrice, effleurant son poignet.

– Mon Bibi, qu'est-ce que je t'aime !

Cette complicité, ces familiarités m'exaspéraient et m'excitaient à la fois. Ma mère m'avait appris qu'une jeune fille doit s'effacer. Dans la famille, disait-elle à l'envi, les femmes restent en retrait, se contrôlent. S'effacer : gommer ses seins, ses fesses, ses rondeurs… À force d'être répétée, cette manière d'être me paraissait aller de soi. Pourtant, j'avais l'intuition que, sous l'influence de ma cousine, je la foulerais aux pieds, j'ouvrirais la boîte de Pandore, le temps d'une saison, avant que je n'adopte de nouveau l'attitude modeste préconisée pendant des années.

Après le vacherin, nous filâmes le long du grand couloir en prenant des poses d'un miroir à l'autre, vers le salon des enfants. Une pièce ovale avec un baby-foot, un fatras de jeux de société empilés sur une étagère. Christian ouvrit un Monopoly, tria les cartes d'un 1000 Bornes, jeta des dés sur un tapis vert. Avachi dans un fauteuil club, Patrice choisissait tranquillement des 33 tours. Camille s'empara de *I Want to Live*, des Aphrodite's Child, se trémoussa sur le parquet en se déhanchant, seins en avant. Christian les prit à pleines mains : entre cousins tout est permis. À ma grande surprise, Camille ne semblait plus se soucier de Marc. Agrippée à Christian, elle minaudait, tentant d'attirer l'attention de Patrice.

– Et si on jouait à cache-cache dans le noir ? lança Christian, qui éteignit la lumière.

La lune se prélassait sur le lac. Cachée sous une table de bridge, je retenais ma respiration. Tout était silencieux, comme si Christian rusait pour mieux nous surprendre. Lorsqu'il souleva un pan de la nappe, palpant mes épaules à tâtons, je courus me réfugier derrière les rideaux de toile de Jouy, dans l'embrasure de la fenêtre. Le parfum de Patrice flottait dans l'ombre. Je n'osais remuer un orteil, des fourmis plein les jambes. Le tintement de mes bracelets indiens me trahit. Il était là, enroulé dans le Jouy. Il posa un doigt sur ma bouche, caressa l'encolure de mon pull framboise. Ses lèvres frôlèrent les miennes, folâtrèrent sur mon menton, mon front, me firent frissonner. La première fois qu'un garçon m'avait embrassée, c'était sur la joue. J'avais douze ans, je rentrais d'un séjour de ski à l'Oukaïmeden, dans l'Atlas, affligée d'un sacré coup de soleil que le baiser avait enflammé. Peu pressé, le regard amusé, Patrice se mit à jouer avec mes boucles, tandis que ses cils battaient de l'aile sur mon museau. Quand sa langue s'aventura, je me demandai s'il fallait glisser la mienne dans sa bouche. Je n'eus plus à me poser de questions : la lumière se fit. Antoinette, la cuisinière, pointa son nez, s'écria : *Kopfertami !* Nom d'une pipe ! puis s'éclipsa. Christian lui fit un bras d'honneur.

– Si on passait la nuit dans le grenier à foin ?

– T'es fou ? Trop dangereux, protesta Camille.

– Ne t'inquiète pas, bibiche. On s'en ira au petit matin, bonne-maman n'y verra que du feu. Faites semblant de vous coucher, les filles, et rejoignez-nous.

Minuit. Dans la chambre verte, Camille s'empara du nécessaire de toilette, se lava, puis s'enveloppa dans une étole. Elle parlait bas, défit les lits, ferma les volets, laissa une lampe de chevet allumée. Je la suivis sur la pointe des pieds dans le couloir qui longeait la chambre de nos grands-parents. Sous leur porte, un rai de lumière. Bonne-maman devait se signer devant son crucifix. Elle priait sans doute pour ses petits ménages, se reprochant d'avoir trop gâté ses enfants. Nous ne lui avions pas dit bonsoir, comme autrefois, lorsqu'elle sortait de sa boîte en forme de renard un calisson ou un caramel mou avant de nous lire un conte d'Andersen ou *Pierre et le Loup* qui m'effrayait. Dans l'escalier, les sangliers nous scrutaient. Le ciel était éclaboussé d'étoiles. Nous enlevâmes nos ballerines pour ne pas faire de bruit sur le gravier. Une loupiotte éclairait l'entrée de la ferme. Une vache meugla, puis deux, puis dix. Du haut d'une échelle trouvée dans le hallier, Christian et Patrice nous faisaient signe. Je grimpai la première.

Dans l'immense grange, Patrice prit ma main, m'aida à escalader une montagne de foin dont l'odeur âcre me fit éternuer sans pouvoir m'arrêter. Un peu plus bas, Christian et Camille se bagarraient à coups de gerbes de blé. Des rires étouffés s'élevaient de leur nid d'herbe coupée. Collés l'un contre l'autre comme des oisillons, Patrice et moi nous moquions de leurs cousinades, des blagues de potache de Christian, de son obsession des cours de la bourse. Dans la clarté bleuâtre de la lune, mon visage entre ses mains, il me dit que j'étais belle et plein de petits riens qui pour moi étaient tout. Peu accoutumée à ces douceurs, je me frottai les yeux et enfouis mon visage dans sa nuque laiteuse. De crainte que mes cousins ne m'entendent, je murmurais des « c'est joli », des « moi aussi ». Patrice voulut savoir pourquoi je l'aimais, insistait. Parce que tu sens bon, parce que tu es beau, dis-je avec l'impression qu'il était si peu sûr de lui que rien n'y suffisait. Il esquissa un geste vers le zip de mon jean, s'arrêta là. Son sourire embaumait la nuit. Je m'endormis contre son épaule, dans les effluves de *Jolie Madame*, de ce sommeil d'adolescent que rien ne dérange.

Réveillée en sursaut par le chant du coq, je secouai Patrice qui ronronnait, bouche ouverte, les cheveux pleins de paille. Ma voix était si enrouée que j'arrivai à peine à crier à Christian et Camille qu'il fallait se dépêcher de rentrer. Nous glissâmes sur la meule de foin comme sur un toboggan. À terre, Christian tenait l'échelle.

Dans la lumière blanche du petit matin, je me cramponnai aux barreaux avant de courir avec Camille vers la maison, tremblant à l'idée de croiser Graufel ou Antoinette. Devant la chambre de mes grands-parents, je me déchaussai, évitant de faire craquer le parquet. Au fond du couloir, deux yeux brillaient dans le noir. Je me mordis la langue pour ne pas hurler et, lorsque Aspro se faufila entre mes jambes, je me jetai tout habillée sur mon lit. Camille manqua une marche, s'écrasa sur le tapis et se glissa sous les draps. Le jour se levait. La gorge en feu, je peinais à trouver le sommeil.

Les cris d'un cochon que Graufel égorgeait dans la cave mirent fin à mes rêves étranges et moites. Pendant qu'il affûtait ses couteaux pour préparer des jambonneaux, la bête, pendue à un crochet, se vidait de son sang. La deux-chevaux de ma grand-mère brinquebalait sur le gravier – elle n'allait jamais plus loin qu'Urmatt, d'où elle nous rapportait des rondelles de rosette et des Carambar. Tout allait bien. Un kouglof royal nous attendait sur la table de la salle à manger. Sa chemise à fleurs toute froissée, la mine chiffonnée, Patrice m'offrit une cigarette. Sa mère venait de l'appeler. Elle avait besoin qu'il l'aide à ranger le garage. J'aurais tant aimé lui montrer le Zoum, la boîte de nuit de Christian, une piaule sous les toits où il exhibait ses trophées. J'aurais voulu me cacher avec lui dans la cabane des enfants ou dans les ruines voisines du château du Nideck ; j'aurais aimé qu'il me parle de ses parents qui lui battaient froid, qu'il me dise ce qu'il pensait du lycée Schweitzer, s'il avait déjà eu une petite amie. Son train partait dans une heure.

Mon grand-père réquisitionna Christian pour le golf. Mon cousin le suivit clopin-clopant, tirant un sac de clubs sur la pelouse qui servait de green. Du portique où je m'envolais sur la balançoire, j'ai si souvent vu bon-papa s'exercer sur un écran géant, courbé vers sa balle, swinguant, répétant mille fois le geste, que je n'ai jamais été attirée par ce sport. Sans doute parce que je l'associe aux mains de mon grand-père qui chatouillait nos mollets lorsque nous regardions la télévision. Soulagée qu'il ne m'ait pas demandé de lui servir de caddy, je pris le chemin de la gare avec Patrice. Camille nous rejoignit. J'aurais préféré être seule avec lui. Elle éclata de rire : Aspro avait griffé le bras de tante Crin qui l'avait enfermé dans un débarras.

Du haut de son tracteur, Graufel partait faucher avant l'orage. La barrière du passage à niveau s'abaissa. Teuf-teuf, la micheline ralentit, klaxonna. Patrice grimpa sur le marchepied, m'envoya un baiser. Je ne savais pas quand nous nous reverrions, je ne savais pas non plus si son sourire s'adressait à Camille ou à moi. Elle dénoua son bandana qu'elle fit tournoyer comme un lasso. Une goutte de pluie coula sur mon front.

Dans l'allée de la chapelle, un panier de chrysanthèmes au bras, bonne-maman s'en allait fleurir le caveau où gît son frère Albert, qui s'était noyé dans le lac, un soir de tempête.

En début d'après-midi, Christian décida de nous emmener dans les bois. Sous la passerelle branlante qui enjambait la Bruche, des goujons se faufilaient entre les lianes enchevêtrées de la rivière. Un lièvre affolé détala vers son terrier. Tandis que Camille et Christian cherchaient des cèpes et des girolles dans la pénombre des frondaisons, je m'allongeai sous un sapin, sur un lit de mousse, fermai les yeux. Lorsque je les ouvris, le soleil m'aveuglait.

2

LE TEMPS S'ÉTAIT RAFRAÎCHI depuis la Toussaint. Au-dessus des toits pointus, la fumée grisâtre des cheminées assombrissait le ciel, mais l'on devinait, au loin, les crêtes des Vosges que domine le Grand Ballon, déjà enneigé. Noyées dans la verdure, les maisons cossues du quartier du Rebberg s'étendent sur une colline entre le zoo et la gare, d'où l'on gagne les ruelles commerçantes du vieux Mulhouse et la maison Mieg, rehaussée d'une tourelle. En mai 1968, lorsque mon père nous avait annoncé d'un ton solennel que nous rentrions à Mulhouse, maman craignait que les événements dont on parlait à la radio – voitures en feu, barricades, grèves –, ne tournent à la guerre civile. Mais tout s'était apaisé dans le Rebberg et elle était fière d'avoir pu y acheter la maison où nous prenions des cours de danse autrefois, une grande demeure de trois étages entourée d'un jardin à l'anglaise, flanquée d'une terrasse aménagée en espace télé.

Sous les combles, ma chambre donnait sur une salle de jeux. Ma mère y avait remisé le coffre à déguisements dans lequel étaient entassées nos robes de fée, mon parapluie au manche en perroquet de Mary Poppins, la cape de Zorro de Jean-Loup, d'un an mon cadet, les tutus de Marthe, blondinette maigrichonne vif-argent âgée de dix ans, les costumes de Bécassine de Violette et le chapeau chinois de Tom, le benjamin. Barbie, Ken, les jumelles et leur fox-terrier m'attendaient dans un carton. Contre un mur, le guignol vert et les marionnettes avec lesquelles nous jouions au gendarme et au voleur. Près de la fenêtre, le garage où Jean-Loup faisait rouler ses voitures jusqu'au toit. Il habitait la chambre écossaise en face de la mienne, de l'autre côté du couloir. Jean-Loup, mon Batoutou, ceinture jaune de judo, le chouchou de la maîtresse, ne se vexait jamais quand je lui piquais ses *Tout l'Univers* ou sa guitare.

Dans le jardin, un écureuil sautillait près de la balançoire. Depuis le week-end chez mes grands-parents, Patrice n'avait pas téléphoné. Sans doute n'avait-il pas osé. J'espérais que Camille m'apporterait un petit mot de lui. Elle venait dormir chez nous ce soir-là. Comme tous les samedis matin, il y avait un monde fou rue du Sauvage. Maman m'avait acheté le maximanteau que j'avais dégoté dans une boutique, près du temple Saint-Étienne. Chiné, marqué à la taille, avec un grand col de fausse fourrure, le même que celui de Camille. Toute menue dans son imperméable beige, ma mère m'avait regardé l'essayer avec un brin de suspicion. Je savais qu'elle jugeait cette tenue trop voyante pour le lycée, et lorsqu'elle avait rempli un chèque, je m'en étais voulu un instant, devinant que, par cette dépense excessive, elle cherchait à compenser ces petits mots d'amour qu'elle ne me disait pas, par pudeur, ou par crainte qu'ils ne me gâtent.

Devant le miroir de ma salle de bain rose, je crêpai mes cheveux, accrochai une mèche à une barrette en demi-queue-de-cheval, comme quand j'étais pensionnaire au Carmel Saint-Joseph, à Casablanca. Pour ressembler à ma prof de français, je tentai un chignon, piquai des épingles, les enlevai. Trop sage. J'avais envie de me sentir libre, que mes bouclettes prennent la lumière. Un jet d'eau et je les enduisis d'une décoction de fleurs de camomille. Une serviette nouée sur la tête, j'enfilai mon soutien-gorge taille 80, que mes petits seins peinaient à remplir. Rinçai ma tignasse. Sur mon bureau, un ourson en peluche, une boîte de bonbons au miel, une bougie rouge : mon petit bazar de collégienne. J'ouvris le coffret de bois de santal où je cachais mes deux cahiers secrets, celui de cette année-là, orange à spirales, et le premier, à carreaux, commencé au Maroc après la lecture d'Anne Frank. Mon écriture ronde et appliquée s'était un peu relâchée, mais j'avais gardé la manie de tout raconter. Il s'en était passé des choses, depuis notre arrivée à Mulhouse. On avait marché sur la lune. De Gaulle avait été désavoué. Avant le référendum, j'espérais qu'il serait viré, ce vieux croulant, mais lorsqu'il s'était retiré à Colombey-les-Deux-Églises, son départ précipité m'avait choquée et je n'étais pas sûre que Pompidou saurait aussi bien gouverner la France. Par chance, j'avais réussi mon examen d'entrée au lycée Montaigne et j'étais passée en troisième de justesse. Camille m'avait appris à me maquiller, à flirter, à me lâcher. Nous en avions fait de bien bonnes. Bref, j'avais la tête ailleurs.

Une nouvelle cartouche d'encre bleu nuit dans mon Waterman et j'écrivis en vitesse : « Patrice *vachement mignon* sur la barrière, Christian qui casse sa raquette, le canoë qui dessale, ma première nuit avec un garçon. » Le récit d'une gamine de quatorze ans qui se rit de tout. À l'époque, j'étais dans l'insouciance, dans l'éclaircie de la vie ; j'ignorais que l'amour naît des souvenirs, qu'il s'en nourrit, qu'il en meurt aussi. Peut-être pressentais-je déjà qu'ils me réconforteraient un jour, papillons à peine épinglés, prêts à s'envoler vers lesquels je reviens sans cesse, cherchant inlassablement à retrouver le tintement des bracelets indiens derrière le rideau de Jouy ou le bruit de nos pas sur le gravier au clair de lune. Au moment où je relis ce journal d'une adolescente, il me faut descendre en moi-même pour que résonne le gong du déjeuner, tintent les verres de vin alignés de bon-papa, craquelle sous ma langue le vacherin fraise-vanille – d'un tiroir du cabinet de ma mémoire jaillissent des sensations fugaces, bulles de savon qui éclatent, à peine formées.

Assise sur le radiateur, je guettais Camille par la fenêtre en croquant une barre de Mars. Tante Monique avait prévenu ma mère ; elle la déposerait avant son dîner chez les Zimmer. Les relations s'étaient tendues entre les deux femmes. Nous n'étions pas allés goûter à Wesserling depuis la rentrée. La dernière fois, maman se tenait droite comme un cierge au milieu du salon de Monique, envahi de coussins à pompons, carafes, plumes, paravents chinois, portraits de chiens et de singes. La décoration de sa belle-sœur n'était pas à son goût. Encore moins ses distractions. Les femmes qui vont au cinéma l'après-midi sont des égoïstes. Futilité, soupirait-elle.

Un hanneton frappa au carreau. La pétoire de Jackie, le fils du garagiste, une Paloma trois vitesses de couleur bleu, surgit en haut de la rue Élisabeth, dans un vrombissement de pot d'échappement. La truffe contre la grille en fer forgé, Oignon, le labrador beige de Tom, mon petit frère de deux ans, aboya encore et encore. Trench clair, semelles plates, mallette à la main, ma mère descendit de sa 404. Elle revenait du foyer d'immigrés qu'elle présidait avec autorité. Dans ces années-là, les Nord-africains arrivaient par vagues pour travailler à la chaîne chez Peugeot et envoyer leur paye au bled. Un nuage noir flottait au coin de la rue. Les Zombies à plein tube, vautrée dans mon crapaud, je suçais un Mistral gagnant en me demandant quel serait le meilleur jour pour aller au Moll que Patrice fréquentait de temps en temps. En semaine, c'était risqué : ma mère faisait parfois des courses sous les arcades, et avait l'habitude de se garer le long du square de la Bourse.

La Fiat 124 coupé de tante Monique s'arrêta devant la maison et repartit aussitôt. À peine le temps de dévaler l'escalier que Camille était déjà sur le palier du premier. Collant noir opaque, minijupe en daim, pull blanc, écharpe assortie, elle claqua deux baisers sur ma joue, vola vers ma chambre, se jeta sur mon lit.

– Marc veut qu'on le rejoigne au cinéma demain avec Patrice pour voir *Tante Zita*. Ça sera extra !

Je n'avais pas entendu parler de ce film, mais à l'idée de retrouver Patrice, j'étais prête à voir n'importe quel navet.

– On va bien se marrer, dit-elle en sortant un déodorant de sa trousse de toilette dont elle se bombarda les aisselles.

À la cuisine, pendant que nous buvions un verre de Coca, ma mère préparait la choucroute. Depuis qu'elle s'était fait couper les cheveux, elle ne les teignait plus, s'habillait de couleurs discrètes. De profil, son nez aquilin hérité de son père durcissait son visage oblong. De face, ses cernes, ses petits yeux marron et ses joues creuses donnaient une impression de douce tristesse, cette sagesse un peu craintive de la petite fille qu'elle avait été. Comme tous les soirs, elle s'était changée pour être impeccable quand mon père rentrerait de l'usine. Une robe en laine grise couvrait ses genoux mais elle avait chaussé ses escarpins plats à boucles achetés à Paris. Oignon jappa. Dans l'entrée, mallette à la main, papa s'essuya les pieds. Maman posa un baiser sur sa tempe, l'aida à enlever son manteau, lui servit un scotch sec. Yeux rieurs, allure de baroudeur, mon père blaguait : des touristes japonais l'avaient pris pour Charlton Heston et lui avaient demandé un autographe à l'aéroport de Bâle. Je m'apprêtais à le féliciter, le trouvant bien plus beau que l'acteur américain, lorsque ma mère lui tapota la joue, le taquinant de se laisser griser pour si peu. Au salon, en tailleur sur le canapé de velours bleu turquoise à grosses côtes, Camille grappillait des amandes salées.

– Demain, Juliette et moi, nous avons décidé d'aller voir *Tante Zita* au Palace, fit-elle. Un film de notre âge, maman m'a donné la permission.

Ma mère passa une main dans ses cheveux bouclés par une mise en plis d'Annie, sa coiffeuse préférée.

– Laurent et moi avons prévu de skier au Thannerhubel. Pas question que deux jeunes filles bien élevées restent seules à Mulhouse.

Camille se recroquevilla, la tête sur les genoux. Sa jupe remontait jusque sur ses cuisses, qu'elle caressa doucement. Elle leva le nez, grommela qu'elle n'avait pas envie de skier. Mon père lui gratta le menton, proposa de nous déposer en chemin à Wesserling, se pliant, comme toujours, aux volontés de ma mère. Pendant le dîner, au moment où je glissais un bout de lard à Oignon, Camille raconta sa partie de bowling avec Marc, mimant son lancer de boule à cloche-pied.

– Quand je pense que tu y es allée habillée comme ça, c'est de la provocation, se raidit ma mère. Tu devrais porter des jupes plus longues.

Camille n'osa protester. Ma mère était sa marraine. Elle mordit une saucisse à pleines dents. Le chou me parut trop gras, trop salé. Ma cousine s'était fait moucher, je devais la défendre. Il y allait de notre liberté.

– Toutes les filles sont en minijupe. Celle de Camille lui va très bien. Elle ne va quand même pas s'habiller comme une vieille fille !

Ma mère nous foudroya du regard.

– Sortez de table immédiatement ! Ta façon de parler est inadmissible, Juliette. Je ne tolérerai pas ce petit ton frondeur !

Repoussant mon assiette, je jetai un coup d'œil à mon père, dans l'attente d'un mot qui calmerait ma mère. Dad leva les bras en signe d'impuissance. Afin de ne pas m'avouer vaincue, je chipai une tartelette au citron sur la desserte et filai avec Camille. Dans l'escalier, elle explosa :

– Quelle emmerdeuse, ta mère ! Elle a toujours quelque chose à nous reprocher.

– Je préfère la tienne. Au moins, elle te laisse faire ce que tu veux.

La porte de ma chambre fermée à clef, Camille enleva son col roulé, dégrafa son soutien-gorge couleur chair.

– J'ai une idée. Demain, maman déjeune à Thann. Pendant que tes parents skieront, on dira aux garçons de nous rejoindre à Wesserling. Marc sera dans son chalet, au-dessus de Willer. Damien, son grand frère, a son permis. Ils prendront Patrice à la gare de Willer et viendront ensuite chez nous. Voilà mon plan.

Elle ôta sa jupette, sa petite culotte en coton, ses bas, et s'allongea nue, sous les draps. Son impudeur me sidérait, moi qui portais encore une chemise de nuit de bonne sœur. Un bras sous la tête, elle éteignit la lampe de chevet, se tourna vers moi. Comme lorsque nos mères nous faisaient sauter sur leurs genoux et que nous babillions, la brune et la blonde, nous reprîmes notre conversation là où nous en étions. La discussion s'était interrompue alors que Camille me parlait des Tampax. Elle avait réussi à en glisser un. Moi qui n'utilisais que des serviettes hygiéniques, je n'aurais jamais osé. Tellement plus pratique pour faire de la gym, dit-elle avant de me montrer le bracelet en poils d'éléphant que Marc lui avait donné, et la bague trouvée dans un paquet de Bonux, qu'elle appelait son « alliance en toc ». Elle l'embrassa d'un baiser sonore, et je me disai : elle lui va bien, tout lui réussira. Mon menton entre ses mains, elle chantonna : *la première qui rira aura une tapette.* Les merles et les hirondelles qui retenaient les guirlandes de lierre du papier peint se gondolaient. Les mamelons abricot de Camille se tendaient dans la clarté d'une lune ronde comme une hostie. Après un instant d'hésitation, je plaquai mes lèvres sur ses tétons, les suçai goulûment, comme dans la chambre verte du Mullerhof, lorsque nous jouions au docteur et que sa gouvernante espagnole nous traitait de *zorras* et nous menaçait de prévenir bonne-maman.

À 7 heures, ma mère tambourina à ma porte – elle détestait les grasses matinées. Les sacs étaient prêts : gnole, saucisson, pâté de canard… Maman était une experte en pique-nique. Bonnet rouge, anorak et pipe au bec, mon père prit le volant de la DS 21 break vert sapin et roula dans la vallée de Thann, bordée de massifs paresseux qui sentent bon la noisette, les fougères et les champignons. Le brouillard enveloppait les maisons et l'usine de Wesserling dont il avait pris les rennes après son mariage. Je tentais de me souvenir des deux premières années de ma vie, du temps où nous logions dans cette bourgade, chez mes grands-parents. Ne me revenait que la tristesse d'un ciel plombé. Après notre départ, oncle Daniel avait tenté de redresser la petite entreprise de textile et s'était installé dans une maison voisine, plus avenante, plus *cosy*, comme disait Monique. Dès que papa nous eut déposées chez Camille, elle passa un coup de fil à Marc. La poisse ! Tout se compliquait. Damien n'avait pas le droit de venir chez elle. Il se bornerait à conduire Marc à Willer à 15 heures, avant l'arrivée du train de Patrice. Ne restait qu'à faire du stop.

– J'suis pas chaude. Les parents seront là à 16 heures. Ça sera ric-rac.

– On s'en fout des parents, glapit Camille. Viens dans ma chambre, je vais te montrer mes nouvelles fringues.

Sur le mur de l'escalier, un fouet était pendu à un crochet.

– Le martinet, m'avertit Camille. Ma mère s'en sert encore. Ça barde ! J'en ai les cuisses bleues.

Drôles de manières. Elle avait plus de liberté que moi, mais tante Monique n'y allait pas de main morte. À croire qu'une bonne correction vaut mieux que d'interminables leçons de morale. Sur une coiffeuse, des tas de gris-gris : colliers à plumes, à pois, à perles, boucles d'oreilles en strass, barrettes en marguerite, broches en capucine. Camille recouvrit le bouton qui perçait sur mon front d'une couche de fond de teint, poudra mes pommettes, me fit essayer son ceinturon verni à boucle dorée, dessina ma bouche d'un crayon mauve, mes sourcils de gris. Sur le bord de la baignoire, des coquillages que son père avait rapportés de Tahiti et un pot de crème à la rose. Un cadeau de Patrice, dit-elle en passant. Je m'en enduisis les mains, comme ma mère qui se plaignait d'avoir la peau sèche. La rose embaumait ma paume. Si Patrice lui a offert ce pot, c'est qu'il savait qu'elle n'en avait pas, pensai-je en m'allongeant sur le lit. Il a dû venir ici ; ils ont écouté Dylan ou Donovan, peut-être ont-ils même parlé de moi. Camille sortit d'une boîte argentée une photo d'identité de Marc, se pâma devant sa frimousse éberluée, me fit oublier l'odeur de la rose. Avant de partir, elle chargea la femme de ménage de servir du thé à mes parents, pour les faire patienter.

En route, mauvaise troupe ! Bras dessus bras dessous, nous traversâmes la cité ouvrière de Wesserling, longs bâtiments de brique devant lesquels des gosses jouaient au ballon. Au bord de la Nationale, Camille hélait les voitures qui éclaboussaient nos mollets. Un camion freina. Le chauffeur, béret jusqu'aux yeux, nous fit monter près de lui.

– Vous êtes bien tombées, les filles. Jolies comme vous êtes, y en a qui n'auraient pas hésité à faire un détour dans les bois.

Une poupée gironde pendait au rétroviseur. Je n'en menais pas large. Le gars nous déposa devant la gare de Willer. Quelques instants plus tard, une deux-chevaux apparut. Au volant, Damien. Nez en pied de commode, cheveux châtains hérissés, un sanglier en fin de battue. Camille sauta au cou de Marc.

– Les filles, je ne sais pas ce que fout Patrice, brama-t-il. Quand je lui ai demandé de venir ici, il avait une voix bizarre. Je crois qu'il s'est fait engueuler par son père. On va l'attendre au troquet d'en face.

Au Chien qui fume, ça empestait le tabac froid et la bière. Des bûcherons picolaient, blaguaient en alsacien. Marc commanda un gewürztraminer, Camille et moi, des menthes à l'eau. Grignotant des bretzels, Camille se pelotonna contre Marc sur la banquette en similicuir, le défrisa, lui lécha le lobe de l'oreille, laissant échapper des petits cris qui me tapaient sur les nerfs. Vert de jalousie, Damien approcha sa chaise de la mienne, m'offrit une Gitane, me parla de ses profs de terminale au lycée Schweitzer, de son coup de fusil, ses trophées. Je gonflai mes joues, avant de soupirer : te fatigue pas, je n'aime pas la chasse. La dernière fois, un gros chevreuil m'a foncé dessus. Il vira au rouge en me dévorant des yeux. Un verre de limonade à la main, je savourais mon petit effet. En débarquant à Saint-Tropez où Camille m'avait invitée à notre retour du Maroc, j'aurais été incapable de le mettre en boîte. Mes seins perçaient sous mes smocks, mes souliers anglais à bout rond me torturaient. Minishort, nombril à l'air, espadrilles violettes, ma cousine se pavanait devant une bande de minets qui ronronnaient et miaulaient à chacune de ses reparties. Dès le premier soir, elle m'avait entraînée à une boum dans une villa en bord de mer, où des godelureaux bronzés au monoï se trémoussaient sur *Rock My Soul.* Un escogriffe, chemise à carreaux ouverte sur son torse, m'avait proposé de danser un slow. Aux premières notes de *Hey Jude,* il avait soufflé dans mon cou : tu viens à la plage ? Je lui avais rétorqué un « non merci » ferme et poli, comme me l'avait conseillé ma mère. Ce con m'avait rembarré d'un « rentre bien chez toi » qui m'avait fait déguerpir. Depuis, je m'étais jurée de ne plus subir de telles humiliations.

À l'horloge de la gare, il était 17 heures.

– Mad'moiselle, le dernier train de Mulhouse est passé, *weich* ! grommela la guichetière, paupières tombantes sous une casquette.

Je me ruai vers Le Chien qui fume.

– Patrice ne viendra pas. Il faut que je rentre. Tu nous raccompagnes, Damien ?

Camille secoua la tête et déclara qu'elle partait avec les deux frères boire un verre dans leur chalet. Dans la cabine téléphonique, je composai le numéro de tante Monique. Mon père à l'appareil.

– Tu te rends compte de ce que tu as fait ! C'est une fugue, hurla-t-il. Tu es complètement inconsciente. Ne bouge pas. On vient te chercher.

Postée devant la gare, les pieds en dedans, j'espérais que Camille me soutiendrait. Elle grimpa dans la deux-chevaux, m'abandonnant lâchement. La DS ne tarda pas. Jusqu'à Thann, mon père ne décrocha pas un mot. Le couperet tomba à un feu rouge : interdiction de voir Camille pendant un mois. Tout y passa : je le décevais, j'étais indisciplinée, incontrôlable. Si ça continuait, on me mettrait en pension.

À l'entrée de Mulhouse, je sortis de mon mutisme, jurai que nous n'avions pris aucun risque puisque nous étions ensemble, Camille et moi. Maman se retourna, son nez pointé vers moi.

– Comment pouvez-vous être aussi naïves ? Avec sa mini-jupe et ses œillades, Camille allume les hommes. Vous auriez pu tomber sur un pervers. Imagine qu'il vous ait ligotées, bâillonnées. Ce n'est pas elle qui t'aurait protégée.

Devant la maison, je claquai la portière.

– Tu vois le mal partout. Heureusement que j'ai Camille, sinon je crèverais d'ennui !

Après une soirée à pleurnicher, j'eus du mal à être attentive en classe, surtout au cours d'anglais où Adrienne jeta une boule puante, qui déclencha des fous rires. Mon vieux Solex trafiqué s'arrêtait dès que je mettais le pied à terre. Sur le pont métallique qui enjambe les rails du chemin de fer, je le fis redémarrer, calai, pédalai jusqu'en bas de la rue Élisabeth où je le tirai, vaille que vaille, la capuche jaune de mon caban ruisselant de pluie. Comme d'habitude, Oignon avait sali le sol de l'entrée. À la cuisine, j'avalai deux petits-suisses, grimpai dans ma chambre en meuglant : j'en ai marre ! Je suis sûre que Camille savait que Patrice ne prendrait pas le train. Je lui ai servi d'alibi. Elle m'a roulée dans la farine, m'a fait un sale coup, cette cachottière !

Dans mon cartable, mon carnet de notes à rendre signé demain. Quand la prof principale me l'avait remis du haut de l'estrade, j'avais piqué un fard : 4 en maths, 5 en latin, 3 en sciences nat, mais 15 en français, ma matière préférée. En sixième, au Carmel Saint-Joseph, la prof avait lu ma première rédaction devant la classe. Le sujet : rédigez votre autoportrait. Je ne m'étais pas épargnée. Trop grande pour douze ans, des cheveux raides, un long nez – pas autant que celui de ma mère – des yeux noisette souvent cernés, le sourcil gauche dégarni à cause d'un angiome à l'âge de six mois. Côté caractère, je me félicitais de fuir les imbéciles, de préférer la solitude. Je voulais devenir écrivain, j'aimais déjà les mots, j'inventais des histoires dont je ne parlais à personne. Une mauvaise note ou une dispute avec ma sœur Marthe me faisait pleurer. J'avais conclu par cette question existentielle : pourquoi vouloir être celle que je ne suis pas ?

Ce soir-là, je devais préparer une interro d'allemand, tout ce que je détestais. Un coup de boots à la porte de ma chambre. Mes disques, les Aphrodite's Child, les Marbles, les Equals, les Mothers, éparpillés sur le sol, mon paquet de Kent déchiré, mes cigarettes déchiquetées, la cage de mes hamsters ouverte : Tom, encore lui ! Toujours fourré dans le lit de maman, il avait douze ans de moins que moi, se prenait pour Napoléon. Ma mère lui passait tout.

Elle n'était pas encore rentrée du foyer des immigrés. J'en profitai pour appeler Camille. Comme je m'en doutais, tante Monique ne l'avait pas fouettée. Quelques remontrances, sans plus. Gérard avait été convoqué au lycée Schweitzer : Patrice n'avait rien fichu ce trimestre. Je compris alors mieux pourquoi il n'était pas venu à Willer, pourquoi il était si silencieux. En déduisis qu'il devait être perturbé par la mésentente de ses parents, qu'il faisait tout pour attirer leur attention. Ma décision était prise : j'irais au Moll, je lui parlerais, au risque de me faire pincer.

Les talons de ma mère résonnaient dans l'entrée. Elle ordonna à Georgette de lui apporter une citronnade, des tartines, du fromage de chèvre. L'Alsacienne venait deux matinées par semaine repasser, repriser et astiquer l'argenterie. Elle m'avait appris à faire des quiches, du poulet au citron et des gâteaux au chocolat, me laissait lécher le fond de la casserole. Peu habituée au ménage, maman devait mettre la main à la pâte et ne cessait de la houspiller. Notre train de vie alsacien n'avait rien à voir avec celui que nous avions eu Maroc. Là-bas, dans notre villa blanche, isolée au milieu des marais, nous étions habitués à être servis. Je croyais même que tout était gratuit. Chez le pacha, qui recevait régulièrement mes parents, nous dévorions des cornes de gazelle et des gâteaux au miel. L'épicier nous offrait des chewing-gums roses que nous faisions exploser au nez du cuisinier. Il suffisait que ma mère glisse quelques dirhams à un policier pour qu'il ne la verbalise pas. Des bakchichs en veux-tu en voilà, des fatmas qui lavaient le linge dans de vastes cuves, des jardiniers qui coupaient le gazon à la main, un gardien, sabre à la ceinture de sa gandoura noire. Là-bas, nous n'étions jamais seuls. Derrière la haie, on nous observait, des gosses tiraient sur des chats à coups de lance-pierre. J'entends encore les cris des chattes en chaleur, les sifflements des gamins et les craquements des palmiers sur lesquels ils grimpaient.

Mon carnet sous le bras, je me hasardai dans la chambre de maman. Installée à son bureau, elle triait du courrier, ouvrant d'un coup sec des enveloppes avec son coupe-papier argenté. J'avais hâte qu'elle signe mon bulletin, qu'on n'en parle plus. Lunettes sur le bout du nez, elle chiffonna une feuille, la jeta à la poubelle.

– Tu t'es fait embobiner par Camille, ma pauvre Juliette. Tu ne penses qu'à lire *Salut les copains*, à écouter des disques, à courir après les garçons. Cette fugue à Willer m'a flanqué une trouille bleue. Si tu ne te ressaisis pas, tu seras orientée vers le technique.

La honte : je ne me voyais pas finir dactylo, coiffeuse ou pâtissière.

– Ton père et moi t'avons inscrite aux Guides, ajouta-t-elle en passant sa langue sur une enveloppe. Tu t'y feras de bonnes amies, des filles bien élevées, sérieuses, fréquentables.

– Des grenouilles de bénitier, oui.

– Va au moins à une réunion, tu changeras d'avis. Elles se retrouvent le dimanche après la messe.

Je détalai vers le jardin, croquai une reinette et cassai des noisettes à coups de talons. Un os de gigot dans la gueule, Oignon grognait. Les yeux rougis par la fumée d'un feu de feuilles mortes ratissées par ma mère, je shootai dans le ballon de Tom.

Le dimanche suivant, dans la crypte du Sacré-Cœur, une nuée de pimbêches, bérets, jupes bleu marine, piaillait sous la houlette d'une cheftaine. Leur projet du jour ? Organiser une expédition vers le mont Sainte-Odile. Heureusement, il y avait Florence, surnommée Flo, une fille de ma classe toujours de bonne humeur. Joues pulpeuses, yeux globuleux, ma complice ne se gêna pas pour se moquer de ces bécasses, tout en louant l'esprit de fraternité du mouvement. La cheftaine déplia une carte, distribua des livrets. Sous ses bras, des auréoles de transpiration. Les Guides formèrent un demi-cercle. Une grande tige à binocles posa les mains sur la Bible et ânonna : sur mon honneur et avec la grâce de Dieu, je m'engage à servir Dieu de mon mieux, l'Église et la patrie, à aider mon prochain en toutes circonstances et à observer la loi des Guides. Tout un programme !

Une odeur de pot-au-feu montait de la cuisine. Ma mère avait renvoyé Georgette et fait venir, pour quelques mois, Laosine, notre cuisinier du Maroc. Bonne bouille, rigolard, roi des gâteaux roulés et des croque-madame, le Berbère s'était acclimaté au froid et à la pluie qui ne cessait de tomber en ce mois de novembre. *Hitler en pyjama, Mussolini en chemise de nuit*, chantonnait-il en salant des os à moelle. Je goûtai au bouillon avant d'entrer dans la salle à manger. Maman venait d'y accrocher l'ancien crucifix doré de notre villa du Maroc. Je courus dans le salon où elle tricotait près de mon père, un verre de pur malt à la main.

– Quelle horreur, ce crucifix ! On se croirait dans le réfectoire d'un couvent.

À vrai dire, je craignais surtout une remarque de Camille ou d'une de mes amies du lycée. Avec cette relique, ma mère avait mis en scène son côté austère, sa piété excessive, un style de vie qui m'exaspérait. Elle se moucha bruyamment avant de se morfondre, les yeux embrumés.

– Tu ne vas pas recommencer ! Depuis que tu as refusé de participer à la prière du soir, je n'arrive plus à me faire obéir. Tu as entraîné tes frères et sœurs dans la rébellion, tu es à l'origine de leur contestation systématique.

Clouée devant la cheminée, je serrai les poings. Ce n'était pas la première fois qu'elle faisait un drame de cette vieille histoire. Un soir, à Mohammedia, après le dîner, elle nous avait rassemblés pour réciter un Notre-Père. Je m'étais braquée, j'avais déclaré forfait, elle s'était décomposée : j'avais détruit l'harmonie, rejeté ce qu'elle avait essayé de nous transmettre, sa foi, son sens moral et ce qu'elle appelait son idéal. Lorsque nous ouvrions les fenêtres des calendriers de l'Avent, nous devions mettre dans une boîte des morceaux de sucre ou des bonbons pour les pauvres. Le dimanche, à l'église Saint-Jacques où nous arrivions en avance, ma mère nous plaçait au premier rang afin que tout le monde admire ses chères petites têtes blondes. Avant la confession, elle m'aidait à dresser une liste de péchés. Rêvait que l'un de ses enfants entre dans les ordres. Ça avait failli être moi. Tout cela me paraissait loin, complètement ridicule. En renversant un chandelier, je m'écriai :

– Ce n'est pas moi qui ai tout saboté. J'en ai ras le bol qu'on m'accuse.

Ma mère essuya une larme. Mon père avala une gorgée de whisky, se racla la gorge.

– Un peu de patience, Blanche. Juliette est en pleine crise d'adolescence.

Pour lui, je renonçai à bouder dans ma chambre. Alors qu'il étalait de la moelle sur une tranche de pain, il voulut savoir si je progressais en allemand.

– J'ai horreur de cette langue. La prof pue la sueur, on va lui offrir du déodorant.

Il sourit, raconta son dernier voyage en Allemagne. Ses clients l'avaient invité à une fête de la bière. Il avait dû porter un costume de Tyrolien, boire, se trémousser. Il faut bien faire marcher le commerce, ricana-t-il. En me servant de carottes, je me promis de dire à Patrice que mon père n'avait rien d'un vieux capitaliste. Un homme fragile, un homme-fleur que ma mère avait su fortifier. Durant leurs marches dans le jardin ou sur les crêtes des Vosges, elle avait su le soutenir, le mettre en valeur. Ils formaient un couple uni, partageaient presque tout. J'avais pourtant remarqué que depuis quelque temps, maman s'agaçait lorsqu'il m'écoutait. Il ne me regardait plus comme une enfant. À l'autre bout de la table, je critiquai les Guides et les bien-pensants qui vont à la messe avec des mines d'enterrement. Décrétai que je n'y mettrais plus les pieds. Il m'invita à ne pas juger, à dépasser les apparences. Ma mère piaffait. En coupant une tarte aux quetsches, elle me reprocha d'être exubérante, d'occuper trop de place, d'empêcher mes frères et sœurs de prendre la parole.

Pendant que mon père imitait la danse des canards d'un air farceur, je grignotai des quetsches, sans toucher à la pâte. Plutôt boulotte, j'enviais maman de manger de tout sans prendre un gramme. Après le repas, elle se plaignit de sa sinusite chronique, monta se préparer une inhalation. Ennuyée de l'avoir froissée, je la suivis. Tapissée de bleu, bureau en acajou, photos dans des cadres noirs, coin salon meublé d'une banquette damassée et d'une table bateau, la chambre de mes parents était l'endroit où l'on se confiait. Deux demi-pommes de terre sur les sinus, ma mère attendit que ses narines s'apaisent pour plonger son nez au-dessus d'un bol d'eau bouillante, où pétillait une capsule d'eucalyptus. Entre deux inspirations, elle hoqueta :

– Tu m'as fait beaucoup de peine, Juliette. Je ne sais pas ce qui s'est passé au Mullerhof. Je ne te reconnais plus. Tu n'arrêtes pas de me provoquer, tu ne penses qu'à toi.

Son nez gouttait. Elle tira de son sac un mouchoir brodé de ses initiales entrelacées, BM, Blanche Monin, et m'expliqua que je devais être plus raisonnable, plus serviable, plus attentive aux autres. Les autres, toujours les autres ! C'était fatigant. Et je n'avais aucune envie d'aller au foyer, où elle voulait m'emmener. Les immigrés, d'abord. À croire qu'elle les préférait à ses enfants. Des gens bien, des gens courageux, répétait-elle, pour bien marquer la différence entre ces familles dans le besoin et la jeune fille égoïste que j'étais devenue.

Elle avait toujours été dévouée. Devant la grille de la villa Icoma, du nom de l'usine de coton que dirigeait mon père, des pauvres attendaient par grappes. Sans se lasser, elle les invitait à se rendre au dispensaire du quartier d'El-Alia, qu'elle avait créé près de la citerne d'eau, en haut de la ville. Elle y donnait des cours d'hygiène et de français. Des infirmières y soignaient les enfants. À la tête d'une longue file de mendiants, elle remplissait des paniers : un pain de sucre, une boîte de thé, de la farine, de l'huile. Lorsqu'elle allait visiter des malades ou des familles, nous descendions par les chemins boueux à travers les bicoques en tôle. La mère d'une de nos fatmas posait son douzième enfant sur une natte, au milieu des mouches, de la fumée du camoun, et nous servait le thé à la marocaine. Je me brûlais le palais.

J'abandonnai maman à ses vapeurs, m'élançai vers le bureau de mon père et appelai Camille. Ce matin-là, elle était allée aux champignons avec Patrice, Gérard et sa mère. Je les voyais déjà s'extasier devant un parterre de girolles, fouler du pied des trompettes de la mort, lorsque ma cousine pouffa de rire.

– Marc est venu, c'était extra !

C'en était trop. Je lui raccrochai au nez, pestant : elle les attire comme la reine des abeilles, les ensorcelle pour mieux les piquer. Qu'est-ce qu'elle a de plus que moi, cette conne ? Tout. Des parents lancés, des habits d'enfer, des vacances à Saint-Tropez et à Courchevel, des mini-Tampax, un jules et, en plus, elle accapare Patrice. Mon Patrice ! Il m'oublie. Il doit penser que je suis coincée – pas étonnant quand on a des parents pieux et bourrés de principes ! Je vais lui prouver que je ne suis pas la snobinarde qu'il croit.

3

JEUDI, UN BON JOUR pour aller au Moll. Après le cours de maths, j'enfourchai mon Solex, roulai dans le brouillard qui se mêlait aux fumées des trains, longeai l'immeuble annulaire – un bâtiment en demi-cercle grisâtre – et me garai entre l'agence Kuoni et Muller, le meilleur charcutier du coin. Si d'aventure, Patrice n'était pas au troquet, j'irais faire un tour au rayon disques du Globe. Un coup d'œil aux alentours, j'enlevai mon bonnet, mes gants de laine, soufflai sur mes doigts. Au bar, des jeunes savouraient des blondes bien mousseuses. À l'écart, près d'une fenêtre, en blouson noir, Patrice fumait une Boyard maïs, les yeux rivés sur un verre de vin chaud. Son visage s'illumina. Je pris l'air détaché.

– Salut ! J'étais dans le coin. J'ai besoin de me réchauffer.

Il m'embrassa sur les deux joues.

– Ça me fait plaisir de te revoir.

De peur qu'une amie de ma mère ne nous surprenne, je lui proposai de nous installer à l'étage, dans une salle où croupissaient un billard branlant et un juke-box. De grosses Alsaciennes se goinfraient de gâteaux à la crème. Devant une baie vitrée avec vue sur la place, je commandai un chocolat. Patrice ralluma son mégot avec un briquet bordeaux, expira une bouffée de fumée en silence, la mine fatiguée. Déçue qu'il soit si distant, je me demandais si c'était à cause de Camille ou de ses problèmes au lycée. Pour le distraire, j'imitai les mimiques de Bourvil que j'avais vues la veille dans *Le Corniaud*, sur la nouvelle télé couleur de mes parents. Ses mains dessinaient de grands cercles, sa voix passait du grave à l'aigu, sa glotte remontait du fond de la gorge. Il se plaignit du lycée, toujours pas mixte, des colles, des surveillants, me parla de Mai 68. À l'écouter, il avait fait la guerre. Il rêvait d'autogestion, de suppression des notes, des carnets, du redoublement. Les manifs, les grèves… Tout ça pourquoi ? Se lança dans une grande tirade sur le Secours rouge, la cause du peuple, la justice, Mao, Trotski, Lénine, le Che. Étonnée qu'il se révèle plus virulent qu'au Mullerhof, je devinais que cette envolée gauchiste masquait je ne sais quel désir de revanche. Il faut continuer le combat, martela-t-il, en tapant sur la table. Lorsqu'il croisa les bras, attendant que je me rallie à sa cause, je touillais mon chocolat, perplexe : veut-il m'enrôler ? Au Mullerhof, il n'était pas si sombre. L'ai-je refroidi, intimidé ? À moins qu'il n'ait de sérieux ennuis au lycée. Comment savoir ? Une chose est sûre : il ne m'a toujours pas embrassée sur la bouche. Que ferait Camille à ma place ? Au Chien qui fume, elle était si chatte avec Marc. Il faut que j'ose, je ne risque rien.

Patrice tripotait sa gourmette. Tandis que son regard se perdait vers le juke-box, mes doigts cheminaient, pattes de velours, vers son poignet. Comme s'il attendait ce geste, il les saisit, referma sa main sur eux, telle une algue vorace. Sa paume était chaude. Il me contempla si longtemps que j'en rougis, troublée par cette intimité soudaine.

– Pardonne-moi, Juliette. Je suis un peu nerveux ces temps-ci. J'ai été renvoyé de Schweitzer : j'ai mis les pieds sur mon bureau et insulté mon prof de maths. Du coup, mon père m'a inscrit à Sainte-Ursule, où je serai pensionnaire. Une boîte de fils à papa, de petits cons qui vont préparer les grandes écoles pour gagner un max de pognon et vivre comme des rats.

Par petites pressions, je lui fis comprendre que ce n'était pas si grave, qu'il pourrait bien travailler, là-bas. Il se gratta l'oreille, se moucha, approuva d'un hochement de tête. Chez ses parents, la vie était infernale. Leurs cris l'obligeaient à se réfugier dans sa chambre, un oreiller sur la tête. Je crevais d'envie de le couvrir de baisers. Il m'avait écoutée, m'avait confié un secret. N'ayant pas l'audace de ma cousine, je n'osais lui donner des conseils, de crainte de gâcher cet instant. J'imaginais le pire : il me trouvait trop sage, Camille était forcément sa préférée.

Ses yeux étaient du même vert que ceux d'Aspro. Il fredonna : *You are my baby, my baby doll*, promit de m'écrire une chanson, juste pour moi, de me la jouer à la guitare. Mon amour, mon amour… Ces mots que je n'avais jamais prononcés sonnaient si doux que je les chantais sur tous les tons. Nous reprîmes nos jeux du grenier à foin : devinettes, *je te tiens par la barbichette*, baisers papillons et *tutti quanti*. Frottant son nez contre le mien, il ânonna : *belle marquise, vos beaux yeux me font mourir d'amour*. Le compliment me parut quelque peu désuet, mais lorsqu'il m'apprit que Molière les avait écrits à l'attention de Marquise Du Parc, une actrice célèbre, je n'en revenais pas qu'il connaisse ses classiques. Il m'avoua que, chez lui, il n'y avait pas de livres, qu'il avait dû en emprunter à la bibliothèque. Il dévorait tout, jusqu'au catalogue de La Redoute. Sa curiosité était née du manque, il s'était construit seul. La littérature lui avait ouvert des mondes. Son verre de vin englouti, il ne put s'empêcher de me rappeler que j'avais de la chance d'avoir des parents cultivés. Sans perdre mes moyens, je rétorquai : le goût de la lecture, je l'ai cultivé moi-même. Puis, il me parla de Tchekhov avec tant d'ardeur que je voyais le bon médecin, une coupe de champagne à la main, le jour de sa mort. Parmi les écrivains russes, son préféré, c'était Dostoïevski. Fasciné par le personnage de Raskolnikov, Patrice prétendit qu'un meurtre peut, dans certains cas, servir le bien de l'humanité. Devant mon air ahuri, il reconnut qu'il plaisantait, se moqua des manies de bon-papa, du caractère revêche de tante Crin, des boutons de Christian. Nous étions enfin devenus complices.

Adossé au juke-box, il siffla *Lady Lay*. Les vieilles dames s'étaient volatilisées. Dehors, la neige enveloppait de capes blanches les riches et les pauvres, les jeunes et les vieux, recouvrant nos pas et les mots tendres de Patrice. *Bye bye baby*.

Il était mon Dylan, mon Donovan. Je voulais me mettre à la guitare, l'accompagner à des concerts de rock. Je me fichais de *La Cause du peuple*, des maos et du *Petit Livre rouge*, tout de même un peu gênée qu'il me voie comme une fille gâtée, une fille qui n'a pas besoin de travailler. Ce n'était pas faux. Je me disais parfois : ma vieille, tu trouveras toujours un mari avec une bonne situation. Et d'un autre côté, j'éprouvais l'envie de m'instruire, de lire, de m'ouvrir, de sortir de mon cocon.

La nuit, je rêvais que Patrice m'emportait sur un traîneau vers une datcha perdue dans la toundra. Et lorsque ma jupe s'envolait sur la balançoire au fond du jardin, je criais son nom de toutes mes forces.

Des flocons venaient mourir sur le col de fourrure de mon manteau, sur mon bonnet, mes cils. Le bout du nez rouge, les boots trempées, je poussais mon bon Solex sur la pente de la rue Élisabeth en sifflotant. Personne ne m'avait vue au Moll. Ma mère était à une réunion du comité d'administration du foyer. Marthe avait ouvert le coffre à déguisements de la salle de jeux. En tutu rose, elle virevoltait sur pointes, bras en corolle : première, deuxième, troisième position, grand écart, plié, tendu. Fée Clochette rondouillette aux grands yeux bleus, Violette tentait de l'imiter, badaboum sur le plancher. Nous avions si souvent organisé des spectacles. La terrasse était notre théâtre. Je leur faisais chanter *Karine et Rebecca*, un bout de corde à sauter en guise de micro. Marthe, que nous surnommions Chnioula (moustique, en arabe) préférait faire la roue sur le gazon. Violette était plus maniable. En tête de farandole, je me prenais pour Julie Christie dans *La Mélodie du bonheur*, que nous étions allées voir à Casa. Sur le rebord de la fenêtre de la cuisine, je m'inventais des prénoms que j'inscrivais sur le mur avec un canif. Je devenais Fantômette, Nicole et Colette, les jumelles de *Nade,* le journal auquel j'étais abonnée. Un temps, je fus Mary Poppins. Ma mère avait adapté le film au théâtre, m'avait mise en scène. Lorsque le rideau se levait, mon parapluie en perroquet sous le bras, chapeau fleuri, je descendais d'une balançoire tenue par une poulie, chantais *Supercalifragilisticexpialidocious*...

Tête lourde, ganglions enflés : les signes habituels d'une angine. Elle tombait bien. J'aurais une bonne excuse pour sécher le contrôle de maths demain. J'avais rendez-vous avec mon journal intime. Les gestes, les mots de Patrice seraient mes secrets :

« Je suis sa confidente, sa chérie. Cela signifie que nous allons nous voir souvent, vivre une histoire comme Camille et Marc. Je ne sais pas encore si j'en serai capable. Motus. Camille ignore qu'il se cache pour ne plus entendre ses parents s'écharper. Il a des convictions, n'a pas peur de choquer, voire de blesser pour défendre ses idées, mais avec moi, il est doux et délicat. Nous avons passé un pacte, presque mêlé notre sang. Il m'a promis de faire des efforts à Sainte-Ursule. En échange, il m'initiera aux codes du Secours rouge. Là-bas, point de manteau à col de fourrure, de shetland et de bijoux : des bleus de travail, des cols mao, des treillis et des bagues à poison. Il faut être introduit pour y entrer. Rien que des extrémistes qui fomentent des révoltes dans des caves. J'ai du chemin à faire. Il faut que je lutte contre mes défauts et Dieu sait que j'en ai. J'aime le luxe, les chalets en Suisse, la Gazelle d'or et les gadgets du Drugstore. J'adore flâner, faire l'imbécile, embêter mon frère. Déteste perdre au jeu et m'avouer vaincue. Il faut toujours que je commande, que j'aie raison, au risque d'être cassante. Peut-être serai-je plus indulgente en grandissant. On me juge fofolle, mais j'essaie d'apporter un peu de gaieté à la maison, où tout est si pesant. Pour réussir dans le monde, il faut avoir l'air fou et être sage, disait Montesquieu. Est-ce de l'hypocrisie ? Les sages sont souvent rasants et je suis plus attirée par ceux qui possèdent ce grain de folie qui bouscule l'ordre établi, cette fantaisie pleine d'imprévus. Que choisir ? Rater un contrôle de maths, quelle importance ! À quoi bon apprendre mes leçons, faire des efforts ? Pourtant, ce serait absurde de me laisser aller. Ah ! Il faut que je trouve la force de donner un sens à mon existence. Dégoûtés par la guerre du Vietnam et l'injustice, deux lycéens se sont immolés par le feu à Lille. Serais-je capable d'aller jusque-là ? Un jour, nous bâtirons un monde nouveau. Y aurai-je ma place, moi qui ai tendance à me dérober devant l'obstacle ? »

À 20 heures, ma mère m'apporta un bouillon de poule et un cachet d'aspirine. La gorge me brûlait, mon pouls cognait dans mes veines.

Au réveil, la fièvre était tombée. Les sapins, la pelouse, le potager dormaient dans un silence blanc. Le long de la haie pétrifiée par le gel, on ne voyait que les traces d'Oignon, dernier survivant de la nuit. Tom construisait un bonhomme de neige avec Laosine. Enveloppée dans ma robe de chambre rouge, je descendis à la cuisine boire un thé au lait et croquer des biscottes au miel. Je n'avais qu'une hâte : retrouver Raskolnikov à Saint-Pétersbourg, près la place du Foin où Sonia fait le trottoir. Je m'y croyais : il n'a plus un sou, il vit d'expédients, il va voler la montre d'une usurière. Va-t-il la tuer ? Patrice serait-il capable de commettre un tel crime ? Je crains qu'il se fasse du mal. Je voudrais être son ange gardien.

Le lendemain, à l'heure du café, tante Monique déposa Camille en bas de chez nous. Perdue dans un gros chandail irlandais, elle essuya ses bottines sur le paillasson, s'excusa : sa mère devait faire des courses, elle n'avait pas le temps de venir nous saluer. Maman ne cacha pas son mécontentement. Elle lui avait défendu de venir avant la Saint-Nicolas, Monique se moquait de nous. Pendant qu'elle ravivait le feu, Camille haussa les épaules. Dans ma chambre, elle sortit de son sac *Birthday* des Beatles, posa le 45 tours sur le pick-up puis tapa des mains en rythme. Soulagée que ma mère n'ait rien su de mon chocolat avec Patrice – le fils de celui qu'elle appelait un « briseur de ménage » –, je tournai sept fois ma langue dans ma bouche pour résister à l'envie de me confier à Camille. Elle avait tout prévu. Il y avait une séance à 15 heures pour *Les Chemins de Katmandou*. Patrice étant collé, Marc nous attendrait seul devant le cinéma. Il suffisait de faire croire à nos parents que nous irions voir *L'Étoile du sud*, avec Ursula Andress. Encore un peu flagada, j'enfilai des collants en laine sous mon jean et prévins ma mère. À force de parlementer, elle finit par abdiquer.

Rue Élisabeth, le feuillage fauve et vermeil semblait peint par petites touches de la main d'un expert. En amazone sur mon porte-bagages, Camille s'accrochait à ma taille. Marc poireautait devant le Kinepolis avec Damien, un sac de pop-corn sous le bras. À l'idée que ce pot de colle me tienne compagnie, j'avais envie de fuir, y voyais une ruse de Camille. Pendant que Marc la bécotait dans l'obscurité, Damien effleura ma cuisse. Depuis que j'étais la petite amie de Patrice, je me sentais plus forte, repoussai sa patte : le chasseur sentait le chien mouillé. À l'écran, devant un temple dédié à Shiva, Jane Birkin, colliers de fleurs autour du cou, étoiles peintes sur les joues, fumait du haschich, entourée d'une bande de hippies. La tête sur sa poitrine, Olivier, ancien gauchiste revenu de ses illusions, me fit penser à Patrice, même quête d'absolu, même fragilité. La longue descente du jeune homme vers la drogue, l'oubli et la mort me glacèrent.

À la sortie, Damien proposa un pot chez Hug. Rue du Sauvage, un couple élégant contemplait la vitrine de Keller, le bijoutier. La femme en manteau de vison et foulard Hermès se tourna vers son compagnon. Tante Monique et Gérard ! Nez retroussé, lèvres rouges, Monique riait avec son amoureux, belle gueule à la Delon, comme Patrice, quelques fils d'argent en plus. Elle semblait choisir un bijou : un diamant pour leurs fiançailles ? Ma mère ne s'était pas trompée. Ma tante et Gérard, c'était du sérieux. Dans le café aux banquettes capitonnées de cuir, Marc pavoisait. Décidé à faire la route jusqu'à Katmandou, à fuir cette ville, ces satanés capitalistes qui ne pensent qu'à s'empiffrer, il en avait plein les bottes de ce pays pourri, marre de sa famille, du lycée, de tout. Damien le rabroua :

– Tu ne vas quand même pas vivre avec des drogués, des allumés.

Marc n'en démordait pas. Il voulait la paix, l'amour, la liberté. L'impossible. Dubitative, Camille se mordilla une mèche de cheveux. Son frère le prit au mot.

– Alors vas-y, mon vieux, vis en communauté dans un ashram avec les nostalgiques de Woodstock, tu déchanteras vite fait.

Marc se boucha les oreilles. Je ne l'avais jamais vu s'enflammer autant. Sans doute l'influence de ce film, un long désenchantement qui me laissa un goût amer. Je pensais à Patrice, me demandais si les gauchistes aimaient les hippies, leur quête d'innocence, de sacré et ce désir d'ailleurs, bien plus attirant que la vie fade qui m'attendait. Je me surpris à penser que nous pourrions partir, Marc, Patrice, Camille et moi pour le pays des bouddhas et des temples fleuris, et pris la défense de Marc.

– Laisse-le rêver, Damien. Si tu veux devenir un petit bourgeois avec boulot pépère, femme et mouflets, c'est ton choix.

Damien piqua un fard, but son Coca d'une traite.

– Salut la compagnie ! lança-t-il en partant.

À la maison, Camille fila aux toilettes changer son Tampax. Le téléphone sonna. D'une voix sèche, maman abrégea la conversation, appela Camille, lui passa le combiné en aboyant : ta mère au téléphone. Tante Monique était invitée à un concert et préférait que sa fille reste dormir chez nous. Cette fois, ma mère perdit patience.

– Quel culot ! Il faut toujours qu'elle arrive à ses fins, cette capricieuse !

Dès qu'elle eut le dos tourné, Camille lui fit un pied de nez. Avant le dîner, mes parents se rendirent à une réunion du Mouvement chrétien des cadres, un groupe de réflexion catholique chapeauté par des jésuites, pour mettre, paraît-il, leur foi en pratique dans le monde des affaires. Camille et moi nous plantâmes devant la télévision. Sur Antenne 2, l'adaptation du *Journal d'Anne Frank*, de George Stevens. Millie Perkins me parut plus apprêtée qu'Anne, ma première amie, celle à qui j'écrivais tous les jours au Maroc. Mais au moment où les nazis débarquent dans l'annexe, je ne pus retenir un sanglot. Entre deux hoquets, je confiai à Camille que, moi aussi, je tenais un journal. Pendant que je rangeais les assiettes, elle s'éclipsa. Dix minutes plus tard, à cheval sur mon crapaud, elle feuilletait mon cahier orange.

– C'est dément ! T'écris vachement bien. Dis donc, je ne savais pas que tu avais revu Patrice…

D'un bond, je lui arrachai le cahier des mains. Elle en avait trop lu, allait tout répéter à Patrice, me ridiculiser. L'air mutin, elle se laissa tomber sur la couverture, bras ouverts.

– Ma Juliette, je t'adore.

Prudence. Sa manière de me tenir en laisse avec ce qu'il faut de distance, comme tante Crin avec Aspro, ne me disait rien qui vaille.

Le lendemain, pendant que je grappillais des amandes, Camille beurrait une belle tranche de kugelhof. C'était un dimanche. Nous avions décidé de faire grève de messe. En rentrant du Sacré-Cœur, bonnet afghan, parka, bottes, mon père avait les joues fraîches des montagnards.

– Préparez-vous, les jolies. Bon-papa et bonne-maman nous invitent à déjeuner à Wesserling. On en profitera pour ramener Camille.

Le faisaient-ils exprès ? Chaque fois que Camille dormait chez nous, ils organisaient une balade. J'aurais préféré aller chez tante Monique et oncle Daniel, mais mes grands-parents envisageaient de vendre la maison où nous avions vécu en leur compagnie, sans doute à cause des frasques de Monique. Et je me disais que ce serait sans doute la dernière fois qu'ils y séjourneraient.

Chaînes aux pneus, la DS roulait cahin-caha dans la vallée. Sur la banquette arrière, Camille, Jean-Loup et moi, nous amusions à compter les camions embourbés. Jean-Loup connaissait toutes les marques des voitures. La demeure de mes grands-parents aux volets verdâtres, entourée d'un jardinet figé par le froid, donnait sur un chemin en pente douce où ma mère aimait se promener avec mon frère et moi, tête-bêche dans le même landau. Dans l'entrée, les manteaux s'entassaient sur un perroquet. Mes parents et Jean-Loup montèrent au salon. Camille fila chez elle, à deux pas. La porte de ma chambre d'enfant était entrouverte, pleine de souvenirs.

La pièce sentait l'amidon et la cire. À la tombée de la nuit, ma mère fermait les volets, dessinait une petite croix sur mon front avant de sortir à pas de souris rejoindre ses beaux-parents. Dans mon lit, je serrais contre mon cœur mon doudou, un lapin en peluche rapiécé. Des ombres dansaient sur le plafond. Le tic-tac de la pendule dorée m'obsédait. Les formes se fondaient dans l'obscurité : armoire monstre à pattes, lampadaire en chapeau de sorcière, fauteuil fantôme. Les planches du parquet grinçaient, la bise faisait voler des tuiles. Cramponnée aux barreaux du lit, je criais, en proie à ces colères noires qui vous arrachent les tripes. Jupe écossaise, perles aux oreilles, allure d'étudiante américaine, ma mère plissait les yeux dans l'entrebâillement de la porte. Son nez s'allongeait sur le mur. Elle disait : je laisse la lumière allumée, avant de m'abandonner en faisant tournoyer sa jupe. En boule sur le côté, je mordais l'oreille de mon lapin. J'étais dans des chambres pleines d'oiseaux, de lys ou de roses, des chambres à baldaquin, vison, damas, bois d'ébène ou de cèdre, des chambres aux odeurs d'encens, de bougies ou de cendres froides, toutes les chambres où je serais une autre, toutes ces vies que j'avais vécues, celles que j'oublierai quand j'ouvrirai les yeux, celles que j'emporterai quand je les fermerai.

Camille secoua son caban, l'accrocha au portemanteau. Je claquai la porte de ma chambre comme le couvercle d'un diablotin prêt à vous sauter au visage. Ma grand-mère avait sorti la vaisselle du dimanche : nappe en dentelles, Baccarat, assiettes en porcelaine à liseré doré. Le coucou bondit douze fois de son chalet de montagne. Antoinette nous servit des vol-au-vent, un gigot d'agneau flageolets. On parla de Noël, du sapin que ma grand-mère décorerait dans le salon blanc, mais aussi de tante Charlotte, resplendissante depuis la visite de la vallée des rois. Après le café, mes parents et Jean-Loup allèrent se promener jusqu'à l'église du village. Bonne-maman et Camille filèrent à la cuisine chercher des pots de confiture.

Un rayon paresseux caressait le dossier du fauteuil d'enfant en velours vert dans lequel je m'asseyais, fillette placide, fière de faire partie du cercle des grandes personnes. Mon père me prenait dans ses bras, m'appelait sa « petite biche ». Jeune et charmant, il s'apprêtait à s'envoler vers un de ses comptoirs d'Afrique noire. Robe lilas, ma mère lui murmurait d'une voix triste : tu ne peux pas me laisser. Je te rejoindrai avec Juliette. Elle ne supportait pas de vivre chez ses beaux-parents, se plaignait d'avoir quitté Paris pour ce « trou », loin du boulevard Saint-Germain, du cercle des intellectuels et des politiques qu'elle qualifiait de « mondain » – afin d'atténuer la différence de milieu entre elle et la famille de mon père, issu d'une lignée de notables du Jura, de fromagers et de bourgeois alsaciens. Mon père flancha. Avant de partir à Bangui pour un mois, elle m'avait avertie : tu verras ma chérie, les Noirs sont comme nous. Dans l'avion, un Africain en costume cravate avait déplié son journal. Du haut de mes deux ans, juchée sur mon siège, dans une robe rose et culotte bouffante, j'avais pointé l'homme du doigt en criant : maman, il y a un grand singe ! Derrière le carnet du jour du *Figaro*, ma mère s'était tassée.

Camille réapparut. La mine grise, elle posa sur une console une assiette de truffes en chocolat enveloppées dans de petites corbeilles.

– Bonne-maman sait que nous avons dormi dans le grenier à foin, chuchota-t-elle. Patrice a vendu la mèche. Il s'est vanté, il a raconté cette histoire à tout le monde.

– Tu dis n'importe quoi, m'écriai-je en renversant l'assiette.

À cet instant, ma grand-mère revint chargée de pots de confiture. En ramassant les chocolats, je tentai de faire bonne figure, mais l'envie de les écraser sur le tapis, de bombarder le mur de gelée de groseilles me démangeait : le salaud, le traître ! Sous ses airs mielleux, c'est un dragueur, un de ces play-boys qui multiplient les conquêtes pour épater les copains. Je dois être la trente-deuxième fille de sa liste. Ses promesses, ses baratins, ses chansonnettes : du flan, un piège à gogo !

Bonne-maman s'installa dans une bergère, croisa les jambes, prit une longue respiration.

– Mes enfants, figurez-vous qu'il y a huit jours, Graufel est venu me voir. Il avait quelque chose sur le cœur. Le brave homme a bredouillé, s'est excusé d'avoir tant attendu. Je lui ai offert un calva. Il a fini par m'avouer qu'il avait trouvé son échelle contre le grenier et un foulard indien dans des mottes de paille.

Graufel nous a dénoncés ! J'aurais dû me méfier de son sourire narquois lorsque nous l'avons croisé en accompagnant Patrice à la gare. Christian avait oublié de ranger l'échelle, j'avais perdu mon bandana. Mes mains étaient moites. Ma grand-mère allait prévenir maman, j'aurais encore droit à une leçon de morale. Les yeux dans le vague, bonne-maman ajusta une épingle dans son chignon, toussota.

– Vous m'avez déçue. Je voudrais que vous soyez des jeunes filles distinguées. Vous aurez bientôt à fonder une famille, à être de bonnes maîtresses de maison, discrètes et généreuses. Rassurez-vous, si c'est la première et la dernière fois, je ne dirai rien.

À demi tranquillisée, j'embrassai ma grand-mère. Avant de dégringoler l'escalier, Camille me flanqua un coup de coude.

J'y vis un geste complice, me rassurai : elle a exagéré les choses. Patrice n'a raconté l'épisode du grenier qu'à Marc. Rien n'a filtré. Deux minutes plus tard, je me mis à douter. Si Patrice a cafté, mes parents apprendront l'affaire par un « ami qui leur veut du bien ». L'orage grondait. Pendant que ma grand-mère fermait les fenêtres, je feuilletais un vieux *Paris-Match.* Des pages avaient été cornées, les mots croisés, déjà remplis, les coins tachés de marques de doigts, comme les magazines de la salle d'attente du dentiste de Mulhouse. Sur une photo, la prison d'Alcatraz occupée par des centaines d'Indiens qui protestaient contre leur condition misérable. Papa m'avait parlé de ce fort dans la baie de San Francisco. On y enfermait des condamnés à la chaise électrique. Une mort des plus barbares. À la fin du magazine, une publicité avec un cow-boy en Levi's rouge, le même que celui de Patrice. Je n'arrivais pas à croire qu'un garçon doté d'un si bon goût puisse agir d'une façon aussi minable.

Mes parents rentraient de leur promenade, marchant d'un même pas. Mon père s'éclipsa pour faire une sieste. Pendant que ma grand-mère buvait une orangeade avec maman, je fis un tour à la lingerie où Antoinette repassait une chemise. Elle commença par le col, écrasa un faux pli, humecta, amidonna, avec une patience à toute épreuve. Je m'aventurai ensuite dans le garde-manger où pendaient des jambons et des poules faisanes tuées par mon grand-père.

Des pots de confiture de fraises dans un panier d'osier, ma mère s'inclina devant bonne-maman, s'excusant de devoir la quitter. Dans la voiture, à travers la vitre embuée, la neige du bas-côté de la route était de la moutarde noire.

Trois jours plus tard, cartable au dos, je mordais dans une pomme Granny, lorsque ma mère m'apostropha sur le palier : elle voulait me parler, de toute urgence. Repliée contre l'accoudoir d'une banquette, elle me dévisagea.

– C'est grave, dit-elle, sur un ton macabre. Ton père et moi savons que tu as passé la nuit dans le grenier à foin du Mullerhof, il y a un mois. Tu manques de jugeote, ma fille. Sais-tu ce qui arrive aux femmes qui excitent les hommes ? Ces femmes qui s'offrent au premier venu, ces filles faciles, ces filles de rien ?

– Non, je ne vois pas, répondis-je en jetant mon trognon de pomme dans la poubelle.

Elle serra son châle sur sa poitrine, comme pour se protéger d'un danger.

– Les hommes en profitent. Elles leur donnent du plaisir, mais ils les méprisent, se jouent d'elles. Les garçons sont dégoûtants. Si tu savais les plaisanteries qu'ils font entre eux, tu n'en reviendrais pas. D'ailleurs, ce ne sont pas ces filles-là qu'ils épousent. Tu t'es salie, Juliette, tu as ruiné ta réputation. À Mulhouse, les rumeurs circulent vite. Imagine ce qui se serait passé si tu étais tombée enceinte.

Je réprimai un fou rire avant de me laisser emporter par la rage qui me montait au nez.

– Je n'ai rien fait de mal, je l'ai juste embrassé !

Maman se moucha bruyamment. Ses yeux s'affolaient, elle parlait vite, pour mieux m'accabler.

– Tu as dormi avec ce Patrice Lanterneau, tu as pris un risque terrible. Cela aurait pu mal tourner, les hommes ne se contrôlent pas. À l'avenir, il faut que tu sois forte, que tu résistes, que tu te préserves pour ton mari, sinon tu n'en trouveras pas et tu finiras seule.

– Tant mieux ! Les choses ont changé depuis 68. Toutes mes copines ont un petit ami, même Camille.

– Camille, parlons-en ! Cette aguicheuse exerce une influence déplorable sur toi. Quant à Monique, elle flirte avec Gérard pendant que Patrice débauche sa fille. Du joli ! Ton père et moi, nous t'interdisons de revoir cet effronté. Nous avons décidé que tu ne sortirais pas pendant six mois.

– Vous n'avez pas le droit ! J'ai quatorze ans, je ne suis plus une gosse !

Ma mère se replia dans la salle de bain, ouvrit sa pharmacie à la recherche d'une dose d'homéopathie pour calmer sa migraine.

Je ne sentais plus mes jambes.

4

BARRICADÉE, UNE KENT AU BEC, les Pink Floyd à tue-tête, je pleurais comme un bébé. Dans leur cage, mes deux hamsters se chamaillaient. Le plus gros, baptisé La Bourgeoisie, empêchait à coups de morsures Le Tiers État d'approcher d'un tas de graines. J'eus beau les séparer, La Bourgeoisie me nargua, bajoues pleines. Dans la baignoire, le corps flottant à la surface comme un morceau de bois, je me laissai couler sous la mousse, du shampooing plein les yeux, les oreilles bouchées.

L'eau avait refroidi. Je me frictionnai avec une serviette rêche, enfilai ma chemise de nuit de nonne et me réfugiai sous mes draps à fleurettes avec Suzie, ma vieille poupée de cire. Sur le coin d'une feuille de mon cahier orange, une larme avait effacé la date de ce 22 novembre 1969. Pendant qu'un bâtonnet d'encens se consumait lentement, je noircissais des pages : « Atroce, j'ai passé une heure atroce. Maman a eu peur que Patrice couche avec moi. Selon elle, je l'aurai provoqué, excité. J'ai été inconsciente. Les hommes seraient incapables de réprimer leurs pulsions. Elle m'a fait tout un baratin sur ma réputation, le respect… Je me suis excusée, je lui ai dit que je regrettais, que je ne recommencerais plus. Cette nuit passée dans le grenier à foin a tourné au cauchemar. Qu'ai-je fait de si terrible ? Les garçons sont-ils si écœurants ? Elle n'arrivera pas à me faire peur, à me dégoûter, encore moins à m'empêcher de le voir. Dans les bras l'un de l'autre, nous étions comme des enfants. Quand on aime, il paraît que les gestes deviennent beaux. D'ailleurs, il vaut mieux avoir un peu d'expérience avant de se marier. Maman n'a jamais connu les petites fugues à deux, les baisers innocents, les mots doux. Pourquoi a-t-elle fait allusion aux bruits qui circulent dans Mulhouse ? Patrice n'a pas tenu sa langue, c'est évident. Il va m'entendre, celui-là ! Il la crachera sa Valda ! Quant à Camille, je vais la griffer jusqu'au sang, cette garce. Hors de question que je reste enfermée pendant qu'ils vont s'éclater à la patinoire, au minigolf, au bowling, qu'ils dévalent les pistes du Markstein en se moquant de moi. Si ça continue, je vais devenir une vieille fille, une fayotte, une bonne sœur, pareilles à celles du Carmel que j'épiais par-dessus la cloison du dortoir pour savoir si elles avaient des cheveux sous leur voile. Si ça tourne mal, je roulerai sur mon Solex jusqu'à la panne sèche. On me cherchera partout. Un jour, je ferai ce que je voudrai : plus d'autorité, plus de péchés, plus de prières, plus de morale à la noix, plus de menaces. Un jour, je partirai en Inde, je me droguerai, je deviendrai communiste. Résiste, Juliette, ou tu vas gâcher tes plus belles années. »

Draps froissés, pieds glacés, un oreiller sur le ventre, mes oreilles bourdonnaient. Dans la cage, Le Tiers État poussait des piaillements étouffés. Oignon hurlait à la mort sous la lune. Suzie sur la poitrine, j'embrassai son front de cire, caressai ses cheveux de paille. Sous sa perruque, un trou béant. Le crâne fracassé, ma poupée.

À 22 heures, on frappa à la porte. Jean marron à grosses côtes, pull en col V assorti à ses yeux, mon père s'excusa de me déranger, s'installa au coin de mon lit, s'étonna que je ne sois pas venue dîner. En tirant une pipe de sa poche, il reconnut qu'il n'aimait pas prendre ce genre de décision. Ma mère lui aurait forcé la main. Ce serait pour mon bien. Profitant de la situation, je l'attaquai en douceur.

– Je suis sûre que vous avez passé la soirée à vous plaindre de moi, ce n'est pas très gentil.

– N'exagérons rien, nous avons d'autres sujets de conversation.

– Tu as laissé à maman le soin de m'annoncer la sanction, tu n'en as pas eu le courage. Trop facile.

Mon père se frotta le front.

– À vrai dire, je n'aurais pas été aussi ferme. Elle a voulu marquer le coup, de peur que tu te laisses entraîner.

– Si tu n'es pas d'accord, tu devrais t'imposer, lui dire que cette punition est disproportionnée, qu'elle devrait me faire confiance.

– Sois patiente, Juliette, je lui en toucherai un mot quand ce sera le moment. Elle est trop énervée, cela ne servirait à rien.

– J'espère que tu ne me décevras pas.

Il attrapa le 33 tours de *Hair*, m'interrogea sur mes disques préférés. Selon lui, la musique pop était à l'origine d'un « certain relâchement », de mes idées subversives. Devant les couvertures d'Otis Redding, de Percy Sledge, de Johnnie Taylor, de Mélanie ou de Wilson Pickett, il me demanda quel métier je voulais faire. Je n'en avais pas la moindre idée. Pour lui faire plaisir, je prétendis que j'aimais la mode. D'un sourire de jeune premier, il approuva.

Si j'étais styliste, je pourrais l'aider à choisir des tissus, je dessinerais des vêtements. C'était tentant. Dans mes cahiers, j'esquissais déjà des silhouettes ; hippies à larges chapeaux, foulards de soie noués aux poignets, pattes d'eph violets à motifs design, colliers d'ambre et de pois autour du cou, minirobes de maille, bandeaux métalliques sur le front, chaînes aux chevilles. L'espace d'un instant, je m'imaginai créer une collection, finis par reconnaître que je risquais de me lasser, que je préfèrerais devenir journaliste.

– Les journalistes sont des gens blasés, tiqua-t-il. Un milieu aux mœurs légères où l'on couche avec tout le monde et où l'on n'hésite pas à blâmer ceux qui font marcher le pays. Tu risques d'y perdre ta fraîcheur.

Peut-être n'a-t-il pas tort, me dis-je avant de lui confier mon goût pour le théâtre. À l'idée que je monte sur les planches, il se dressa, bras levés comme un curé en chaire.

– Imagine que tu sois obligée de dire je t'aime à un comédien pour qui tu n'éprouves rien, ce serait un mensonge. Tu ne serais plus toi-même.

Je n'y avais pas pensé. Pourtant, ma mère admirait les vers de Racine. Quand nous étions petits, elle organisait des spectacles avec nos cousins dans le salon blanc du Mullerhof. À l'époque, je gardais ma passion pour l'écriture secrète. Du plus loin qu'il m'en souvienne, j'aimais écrire des histoires, créer des personnages. Je n'osai dire à mon père que je voulais être écrivain. C'eût été prétentieux puisque les romanciers me semblaient appartenir à un monde inaccessible, interdit, et que pour ma mère, seul le travail social comptait. Aussi, je me contentai de parler à Dad de mes poèmes. Tu es très douée, dit-il, en bourrant sa pipe de tabac blond.

Entre deux bouffées, il s'épancha. Il avait beaucoup douté de lui avant de suivre les traces de son père. Au moment où les Allemands arrivaient dans le Jura, il avait dix-sept ans. Des chars roulaient sur des champs de coquelicots. Sa cousine, Ève, voulut qu'ils montent au grenier. Au milieu des malles et des rats qui grignotaient les poutres, elle lui confia qu'elle l'aimait. Jeune mobilisé et surtout, très timide, il ne se permit pas de l'embrasser. Un de ses grands regrets. Je n'en pouvais plus d'entendre ces vieilles histoires, remontai le drap jusqu'au menton. Dans les volutes de fumée, mon père se gratta la gorge.

– Un jour, tu rencontreras un homme fiable, un bon mari. Tu devrais retourner aux Guides, ça te mettrait du plomb dans la tête.

Dad se perdit dans de longues considérations. Son Dieu devenait un vent chaud derrière un buisson, un roc dans le désert, une de ces cimes enneigées de l'Atlas d'où il revenait, après une cordée, le visage buriné, les lèvres brûlées par le soleil. Il me parla de l'abbaye d'Hautecombe où il avait fait une retraite, confessa ses peurs. Il était resté l'enfant puni dans la chambre noire, la *schwartz kammerle*, l'écolier pensionnaire en Suisse qui ne voyait ses parents qu'à Noël ou à Pâques, l'adolescent chapeauté par un précepteur pendant l'été, l'ingénieur rêveur. Il n'avait jamais pu converser avec son père, qui lui préférait le golf, la chasse et les belles voitures. Je pensais à ce que m'avait dit ma grand-mère : on ne sait pas ce que font les hommes à Paris. Bon-papa avait peut-être des maîtresses, des petites femmes de Pigalle. Allez savoir !

Papa parti, j'éteignis la lumière.

À plat ventre, telle une grenouille sur un nénuphar, je me félicitai d'avoir marqué un point. La joue contre mon oreiller, je cherchais le frais, appelant tout bas Patrice : mon amour, dis-moi que je ne suis pas la dernière de ta liste, dis-moi que tu as su garder nos secrets, que tu n'aimes que moi, que tes yeux lacs de montagne ne mentent pas.

Au matin, la neige était sale. Dans la cage, Le Tiers-État gisait sur la paille, couvert de croûtes. Je le pris par le cou, le posai sur un coussin. La peau sur les os, la pauvre bête n'avait plus la force de bouger. Son ventre se souleva une dernière fois et puis, plus rien. Je l'emportai vers le jardin, couché sur un carré de velours aubergine au fond d'une boîte à chaussures, creusai un trou sous le sapin. Des noisettes et des petits cailloux blancs sur la terre froide.

Un jeudi, jour de congé, ma mère nous annonça que nous devions passer des tests au centre d'orientation scolaire, mon frère et moi. Dans l'espoir qu'elle s'adoucirait, je me résignai à cette corvée, avalai un bol de Ricoré, une assiette de corn-flakes, et en voiture. Elle se gara devant l'immeuble annulaire, grimpa à pas pressés un escalier à carreaux blancs. Dans la salle d'attente, Jean-Loup se jeta sur *Spirou*, moi sur un vieux *Elle*. À la page horoscope, on annonçait une période de turbulences pour les Taureaux : fatigue, déception en amour, ennuis au travail. Brune à queue-de-cheval, bottes à talonnettes, pantalon moulant, mini-cardigan crème, plâtrée de fond de teint orangé, Mme Bitch, la psychologue, entra dans la pièce : Juliette Monin ? C'est moi. Ma mère lui demanda l'autorisation d'assister au rendez-vous.

Je m'en serais bien passée. Mme Bitch examina mon carnet de notes. Ses boucles d'oreilles gitane se balançaient. Ses doigts manucurés de violine tournaient les pages de mon bulletin. Je l'imaginais griffer un torse velu, enfiler des bas de soie, se limer lentement les ongles, poser un vernis, souffler pour qu'il sèche, ajouter une couche de brillant. Son stylo voltigeait comme la baguette d'un chef d'orchestre.

– Vous êtes en dessous de la moyenne, Juliette. Vous avez des facilités pour les langues et le français, mais il va falloir être plus exigeante, travailler davantage les maths et l'allemand.

Résolue à progresser, je lui fis part de mon désir d'entrer en première au lycée Schweitzer où une classe espagnol seconde langue accueillait des filles. La psychologue admira ses ongles. Je me voyais déjà dépérir à Montaigne, ce vieux bahut où les surveillantes nous empêchaient de mâcher du chewing-gum et de porter des baskets, lorsque la Bitch se tourna vers ma mère.

– Seule solution, madame : si votre fille souhaite passer en première, trois langues vivantes à Schweitzer, il faudra qu'elle prenne des cours particuliers d'espagnol en seconde, l'an prochain.

Ma mère rechigna. Des cours particuliers, ça se mérite. Rien n'était gagné, mais la perspective d'entrer au lycée mixte me donna de l'énergie. La psychologue me souhaita bonne chance d'une voix suraiguë. Au tour de Jean-Loup. Fort en maths, il deviendrait ingénieur comme papa. Ma mère remit son manteau gris qui flottait sur ses mollets, serra la main de Mme Bitch, se dirigea vers la 404. Elle trouvait la psychologue un peu ordinaire. Traînant les pieds, je protestai.

– Pas moi ! Elle me comprend. Une femme jusqu'au bout des ongles. On voit qu'elle aime les hommes et les tenues osées.

Ma mère serra les dents. Jean-Loup à l'avant, moi à l'arrière, elle nous déposa en bas de la rue Élisabeth, puis rejoignit les familles turques qui venaient d'arriver au foyer. Laosine faisait sauter des crêpes. Dans le bureau de mon père, j'appelai Camille, lui racontai le sermon de maman, sans lui rapporter qu'elle la trouvait aguicheuse. Elle éclata de rire : qu'est-ce qu'elle est vieux jeu, ta mère ! La sienne lui avait fait la leçon, mais elle avait skié avec Patrice dans la poudreuse au Markstein. Dérapages en stem-christiana, slalom, sauts sur des bosses, autant de glissades, de rigolades dont j'étais privée. Piquée, j'y allais bille en tête : paraît que tu dragues Patrice ? Maman est au courant de tout. Camille criait dans l'appareil : ta mère est une langue de vipère, elle cherche à semer la zizanie entre nous ! Je te l'ai déjà dit, Patrice est comme mon frère. Marc me suffit amplement. Avant de raccrocher, elle promit de passer me voir dimanche, en rentrant de la chasse avec son père. Je ne savais plus quoi penser : maman a peut-être voulu me brouiller avec ma cousine, sa manière de me bâillonner. Camille a beau me rendre chèvre, sans elle, j'en serais encore aux robes à smocks et je n'aurais jamais rencontré Patrice.

Dans l'après-midi, je me collai à mon interro sur les verbes irréguliers allemands. À 17 h 10, au moment où je descendais goûter, Céline Prunier, notre nouvelle voisine, franchit le seuil de la maison. Filiforme, minois de fouine, vêtue comme une gamine, jean et bottes blanches, elle s'excusa d'être en retard pour le thé. Ma fille aînée, me présenta ma mère, de ce ton badin qu'elle employait au Maroc quand nous devions esquisser une révérence devant ses invitées. Céline rougit, m'embrassa du bout des lèvres. Ma mère avait disposé le service à thé de porcelaine blanc et or que bonne-maman lui avait offert pour son mariage. Pendant que je dégustais une part de cake, Céline plissait les yeux. Charmante, votre fille, proféra-t-elle d'une voix suave. Son besoin de plaire m'horripilait. Je décampai vers la cuisine pour jouer aux 7 familles avec Marthe.

Lorsque Céline enfila sa veste en pied-de-poule, j'en profitai pour mordre dans un *manele,* cette brioche moelleuse en forme de bonhomme. Ma mère termina sa tasse de thé.

– Ce genre de femme ne pense qu'à se faire bronzer ou à prendre des cours de yoga, persifla-t-elle. Une nombriliste, comme Mme Bitch et tante Monique. Tu as dû remarquer qu'oncle Daniel s'absente de plus en plus souvent. Ce qui arrive est très triste : on ne devrait jamais partir en vacances avec un couple d'amis. Tu te souviens que Daniel et Monique ont fait une croisière avec les Lanterneau ? Monique s'ennuyait avec ton oncle, elle s'est rapprochée de Gérard, l'a invité à Saint-Tropez. À force de se confier l'un à l'autre, ils sont devenus amants. On les a même vus ensemble dans des dîners à Mulhouse. Monique veut divorcer. Nous allons tenter de l'en dissuader. Un gentil mari, quatre enfants charmants : que veut-elle de plus ? Ce serait scandaleux de détruire un foyer. Un drame épouvantable, un vrai gâchis.

Elle était si pâle, si apeurée, que j'ai eu envie de la croire. Juste après, je tendis un morceau de *manele* à Oignon, qui s'en délecta.

– Au point où ils en sont, il vaudrait mieux qu'ils divorcent. Ce serait plus honnête.

Je pensai à Patrice, à l'amour libre qu'il prônait.

Ma mère éternua, m'ordonna de lui apporter une bouillotte à l'étage. Les épaules couvertes d'une liseuse en laine bleue brodée de dentelle, elle déboutonna sa ceinture, libérant son petit ventre rond. Je n'avais qu'une seule crainte : qu'elle soit enceinte d'un sixième enfant. Elle se plaignit d'être ballonnée, enfila des chaussettes en laine pour se réchauffer les pieds. Je me demandais comment faisait mon père pour désirer une femme aussi harnachée. Pendant qu'elle notait sur un carnet une liste de courses, je me promis de vivre avec le père de mes enfants jusqu'à ce qu'ils soient suffisamment grands, puis de retrouver ma liberté. Avant de monter me coucher, je décidai de dire bonsoir à papa. Dans son bureau qui prolongeait le salon, il tournait les pages d'un gros dossier, m'invita à entrer. Tu ne me déranges jamais, m'assura-t-il. En boule sur un fauteuil écossais, j'évoquai la visite de Céline Prunier. Ses yeux étincelaient.

– Cette femme a du chien. J'avoue que je ne suis pas insensible à son charme.

– Pas sûr que maman l'apprécie.

– Ne lui répète pas ce que je t'ai dit, elle en serait contrariée.

– À propos, tu as pu plaider ma cause ?

Mon père se plongea dans ses papiers, retira ses lunettes.

– Disons qu'après Noël, la punition sera levée. Tu t'en sors bien.

Libre et légère, je bondis vers lui.

– Tu peux compter sur moi.

Le lendemain, après le kouglof, mes parents allèrent tirer le canard avec oncle Daniel et Camille. Je traînais à la cuisine où Germaine, contre le radiateur, tricotait une écharpe jaune.

Cette pied-noir avait quitté Mohammedia – où elle vivait avec une vingtaine de chats – pour s'installer chez nous, le temps que mon petit frère se dégourdisse. J'avais pris l'habitude de me confier à cette femme enjouée, toujours le mot qui détend. Elle avait connu le bled, les pluies de sauterelles qu'elle faisait griller avec de l'ail et du persil, les mulets qui s'encastraient devant la ferme où elle avait grandi, lorsque son père possédait encore des terres. Au-dessus de sa lèvre supérieure, une moustache qu'elle épilait à la pince devant le miroir de la buanderie. De grosses aiguilles cliquetaient entre ses doigts. À qui destinait-elle cette écharpe ? Germaine prit un air mystérieux. Elle travaillait ici depuis la naissance de Tom et je ne l'avais jamais vue au bras d'un homme. Tom n'avait plus besoin d'une nounou : elle ne tarderait pas à regagner la maison de Béziers achetée avec ses économies. La bouche en cul-de-poule, elle posa son ouvrage.

– Ma petite Juliette, il faut que tu saches ce qui se passe quand un homme et une femme couchent ensemble.

Me prenait-elle pour une enfant ? J'avais lu ses romans-photos en douce : je croyais tout savoir. Germaine passa la langue sur sa lippe sèche.

– Mieux vaut être préparée. Lorsqu'un homme pénètre une femme, il ne peut pas se retenir. Son sexe grossit, un liquide surgit, dit-elle en se tortillant de plaisir. La jouissance de la femme est bien plus puissante que celle des hommes. Quand elle n'a pas affaire à un mou du genou, elle peut même jouir plusieurs fois de suite, poursuivit-elle en déroulant sa pelote. Les filles qui couchent avant le mariage ont du mal à s'en passer.

J'en avais assez entendu. Me faisais une haute idée de l'amour. Cette leçon d'anatomie me donna envie de vomir et réveilla un souvenir enfoui, si honteux, si répugnant que je n'en avais parlé à personne, même pas à Camille. En août, nous étions retournés au Maroc. Mes parents avaient organisé une virée dans la vallée d'Imlil, d'où l'on monte vers le Toubkal à dos de mulet jusqu'à ce que les bêtes s'arrêtent à la première couche de neige. Souffrant d'une angine, ma mère m'avait laissée seule à Marrakech, à l'hôtel de la Mamounia. Un après-midi, vêtue d'une djellaba courte, j'étais sortie faire un tour au bord de la piscine. Le maître-nageur, trapu, trois poils blancs sur le caillou, m'avait proposé de visiter les jardins. Je l'avais suivi dans une allée d'oliviers, il m'avait fait asseoir sur un banc, avant de glisser sa tête entre mes cuisses. La bave d'un crapaud. Sur le coup, j'étais tellement décontenancée que je ne l'avais pas repoussé. Comment oublier son regard libidineux, sa langue de bête ?

Un verre de riesling et je filai lire *Rebecca*. À 18 heures, Camille tambourina à ma porte, se colla au radiateur, s'attrista de la mort de mon hamster, se mordilla les phalanges. Sa mère allait vivre avec Gérard, ils s'installeraient ensemble à Paris l'an prochain. Elle serait inscrite au lycée Notre-Dame-des-Oiseaux, ferait partie d'un rallye. Mon entrée dans le monde ! se réjouit-elle. Son père resterait encore un peu en Alsace, le temps de régler ses affaires. Ma Camille, elle allait tant me manquer. Une question me brûlait : Patrice les suivrait-il ?

– Pas pour l'instant, dit-elle sèchement. Maïa, sa mère, garde l'appartement de Mulhouse, rue Lavoisier. S'il a son bac, il s'inscrira en fac à Strasbourg. Encore faut-il qu'il s'assagisse.

Grisée d'avoir descendu la piste noire du Ventron avec lui, elle se compara à Marielle Goitschel. Elle me narguait, se jouait de moi. Pendant que j'étais cloîtrée, elle s'était appropriée *mon* Patrice. Je m'apprêtais à l'étouffer sous un cousin, tirai un numéro de *Mademoiselle âge tendre* de la pile pour l'assommer. Impassible, elle fouilla dans son sac, en sortit un bâton de rouge à lèvres, se planta devant le miroir.

– Damien est amoureux de toi, me jeta-t-elle en guise de consolation. Il va t'attendre à la sortie du lycée.

– Je m'en tape. Si tu veux me caser avec lui, cours toujours. Je ne veux plus te servir de paravent à la patinoire, au cinéma ou au bowling.

– Prends le temps de le connaître, il est timide mais intelligent.

En bas, la voix d'oncle Daniel résonnait. Camille attrapa sa veste, son chapeau de chasseresse et s'élança dans l'escalier en s'écriant :

– À très vite, ma chérie !

Le mardi suivant, en rentrant du lycée, perché sur sa mobylette en bas de la rue Élisabeth, Damien me barrait le passage. Mon Solex cala. De la buée blanche s'échappait de ma bouche.

– Qu'est-ce que tu fais là ? Je suis pressée, j'ai un contrôle d'histoire.

Il empoigna mon avant-bras, me fixa intensément.

– Juliette, je ne pense qu'à toi. Tu ne voudrais pas sortir avec moi ?

Devant son air de merlan frit, je ne pus m'empêcher de jouir de l'intérêt que me portait ce pauvre garçon, feignis la surprise.

– Moi ? Pourquoi ? C'est Camille qui t'a mis cette idée en tête ?

Pas peu fière de ma répartie, j'éprouvais pour la première fois le plaisir de blesser un amoureux transi. Cette victoire me donnait une nouvelle assurance. Depuis la fugue à Willer, Damien ne pensait qu'à moi et je n'avais rien fait pour lui plaire, bien au contraire. Je l'avais si souvent rembarré qu'il aurait dû me fuir. L'indifférence et le mépris sont des armes de séduction puissantes que je me sentais désormais capable d'utiliser. Les mains sur mon guidon, Damien se braqua. Reprenant la boutade du minet de Saint-Tropez qui m'avait mortifiée, je lui crachai, droit dans les yeux :

– Laisse-moi tranquille et rentre bien chez toi.

Damien lâcha mon Solex.

– Va te faire foutre ! hurla-t-il. Tout Mulhouse sait que tu es une fille facile.

Le temps de poser ma bécane contre un arbre, je lui balançai un méchant coup de pied bien placé. Putain, cria-t-il, en se pliant de douleur avant de grimper sur son engin et de me faire un bras d'honneur. En remontant la rue, je patinai sur une plaque de verglas. Mon Solex s'écrasa. Je le consolai comme je pouvais : ça va aller, mon vieux. Ensemble, nous allons gagner la partie. Dans le garage, les mains glacées, le jean déchiré aux genoux, je ruminais les vacheries de ce fumier de Damien : les rumeurs, c'était donc vrai ? Et si toute la ville me prenait pour une Marie-couche-toi-là ?

À la buanderie, le panier de linge sale débordait. Dans l'escalier, appuyée à la rampe, Germaine portait une grosse valise. La mine réjouie, elle m'annonça qu'elle rentrait dans le Midi où l'attendait *son* homme. Décidément, on sait si peu de choses des êtres qui nous sont proches. Longtemps, elle nous avait caché qu'elle avait un compagnon. Elle lui offrirait l'écharpe citron, lui cuisinerait des escargots. Plus question d'être une employée de maison : la patronne, ce serait elle. Un baiser qui pique et elle me pinça la joue.

– Sois prudente, ma bichette. Les murs ont des oreilles.

Qu'on me fiche la paix avec les ragots des bourgeois du Rebberg, ces scolopendres, blattes et autres cafards qui rampent sous les tapis.

Recluse dans ma chambre, je caressai mon bon Oignon, frétillant d'affection.

5

À CET ÂGE, il suffit d'aller faire les magasins pour se sentir moins coupable. D'ailleurs, je ne sais plus si je me sentais coupable, j'étais surtout très influençable. Ce dont je suis sûre, c'est que malgré un naturel qui me portait vers le bonheur, l'emprise de ma mère, ses éternels reproches, ses frayeurs et ses principes finirent par me donner mauvaise conscience, par m'isoler. Seule Camille pouvait m'extraire de l'introspection dans laquelle je me complaisais. La culpabilité est une dose infime de venin qui se répand dans vos veines au fil du temps et lentement vous paralyse, une compagne collante qui vous tend des pièges au moment où vous vous y attendez le moins. Aujourd'hui encore, elle m'assaille, me ligote, ravivant sans cesse en moi ce plaisir malsain qui m'envahissait lorsque ma mère me convoquait, que mes pieds s'enfonçaient dans la boue.

Noël approchait. En roulant dans le brouillard, au lieu de me réjouir à la perspective d'avoir enfin le droit de sortir, je me répétais en boucle : les garçons sont dégoûtants, dégoûtants. Puisque c'est impossible avec Patrice, j'attendrai d'avoir vingt ans pour coucher avec un garçon. Rue du Sauvage, traiteurs et charcutiers attiraient le chaland avec des dégustations de saint Nicolas en pain d'épice, de flammekueche, de knepfle, de baeckeoffe, de buewespaetzle. Place de la Réunion, je m'offris un verre de vin chaud à la cannelle. Guirlandes électriques, grelots et clochettes tournaient sur la musique grinçante d'un orgue de barbarie. Fuir ce manège, cette mascarade, acheter un cadeau à maman pour qu'elle me pardonne et me permette de skier avec Camille.

Au Globe, le grand magasin de Mulhouse, c'était la ruée des veilles de fêtes. Au rayon collants et bas, une vendeuse maquillée comme une voiture volée m'accueillit. Je lui demandai sèchement le prix d'une paire de chaussettes en cashmere. D'un bonjour appuyé, elle me fit comprendre que j'avais été impolie. Fuyant le stand, je regrettai aussitôt de l'avoir froissée. Il aurait suffi d'un sourire pour qu'elle se sente considérée. Après tout, moi aussi je me vexais vite. La gentillesse de Patrice avec les serveurs du Moll m'avait frappée. Ce n'était pas de la condescendance, plutôt une véritable sympathie qui voulait dire : nous sommes tous frères. Les mieux habillés, les plus brillants, n'ont pas forcément plus de la valeur que les autres. Entre les fruits et légumes hors de prix et les nuisettes qui pendouillaient sur des cintres, je cherchais désespérément la sortie. Au rez-de-chaussée, sur un présentoir, parmi les flacons Balmain, *Jolie Madame* était à l'honneur. La vendeuse m'en parfuma. En humant sur mon poignet son odeur capiteuse, j'eus la conviction que je ne tomberais pas amoureuse avant de nombreuses années, que Patrice avait été mon premier amour, qu'il me faudrait attendre longtemps avant de sentir chez un homme un parfum de femme.

À Noël, nous étions invités à Paris, chez mes grands-parents maternels que nous appelions par leur prénom, Diane et Gaston. Ils vivaient boulevard Saint-Germain dans un immense appartement donnant sur un jardin de buis. Un décor rouge et or – plumeaux, lits à baldaquin, couvre-lits en léopard, bouquets géants, miroirs – où ils recevaient le tout-Paris. Des dîners savamment dosés d'écrivains, de politiques et d'ecclésiastiques en vogue. On allait au cinéma du Drugstore, on s'achetait des robes chez Plumo, on dînait Aux Vieux Garçons. Mon parrain m'emmenait dans son coupé chez Régine. Je découvrais un cercle brillant, une vie faite de futilités, de gadgets, de luxe que ma mère réprouvait, et je me disais qu'un jour je vivrais dans ce quartier, au centre du monde.

Le retour à Mulhouse fut brutal, surtout lorsque la prof d'allemand me rendit ma copie. 3 sur 20 et cette remarque inscrite dans la marge : « Juliette est encore en baisse. » J'eus envie de me suicider. Me mis à trembler devant la prof de latin qui m'interrogeait sur *La Guerre des Gaules*. Ma mère fit irruption dans ma chambre, attrapa le dernier *S.L.C.*, croisa les bras sur une veste chinée.

– J'ai vu ton professeur principal : ton passage en seconde n'est pas garanti. Tu manques de maturité, Juliette. Si tu continues à lire ces magazines idiots, à écrire tout ce qui te passe par la tête dans tes petits cahiers, tu ne feras pas d'études.

Dès qu'elle fut sortie, j'ouvris la cage de La Bourgeoisie : le hamster irait boulotter de la laine de verre et empêcherait mes parents de dormir. Sous l'abat-jour beige de mon bureau, mon journal, si vain aux yeux de maman, devenait vital : « J'écris pour ne pas m'ennuyer, moi qui me lasse si vite de tout. J'écris comme on court à travers champs, sans savoir où l'on va, alors que ma vie est toute tracée. J'écris ce qui me vient, ce qui naît quand je ne m'y attends pas, au moment où mon esprit flotte, où je perds le fil. J'écris pour jouer parce que je suis mauvaise joueuse. J'écris ce que je tais, parce que je parle trop. J'écris pour savoir ce que je veux puisque ma mère le sait mieux que moi. J'écris pour ne pas oublier parce que ma vie est pleine de trous. J'écris pour ne pas tomber malade, de grosses boules dans la gorge. J'écris pour me cacher, moi qui aime tant me mettre en scène. J'écris pour être une autre, moi qui ne sais pas qui je suis. J'écris pour ne pas perdre mon temps alors que je passe des heures à ne rien faire. J'écris sans penser à demain, pour savoir ce que je deviendrai. J'écris maintenant, pour moi, et je me fous que maman pense que ça n'est pas un métier, mais du narcissisme, de l'exhibitionnisme. J'écris jusqu'à ce que le sommeil m'emporte, pour que mes rêves m'inspirent, pour ne plus avoir peur du noir. »

Mon cahier dans mon coffre d'ébène, je cachai la clef sous mon matelas. On pouvait me priver de tout, sauf de ça.

Malgré les avertissements de mes parents, tante Monique ne changea pas d'avis. J'étais la seule à la soutenir, à admirer son courage. Elle avait pris le risque de tenir tête à la famille pour vivre avec l'homme qu'elle aimait et n'aurait pas de regrets. Tant pis pour les soirées bridge, concerts, raclette, fondue et dîners improvisés. Elle n'avait plus droit de cité dans le Rebberg : à Paris, ses filles feraient fureur.

Oignon ronflait sur le carrelage de la cuisine. Lorsque ma mère posa une galette des rois sur un plat d'argent, je m'empressais de couper une lamelle de la pâte dorée. Elle me donna une petite tape sur la main, du dos d'une fourchette.

– Bon sang, Juliette ! Tu es incapable de te retenir.

Le mot ou le geste de trop. Quand on m'attaque sur la nourriture, je mords. Sur une île déserte, je n'hésiterais pas à manger mon coéquipier.

– Tu m'interdis tout, tu me critiques tout le temps. J'aurais préféré être la fille de tante Monique. Camille fait ce qu'elle veut, quand elle veut.

Au bord des larmes, ma mère termina son verre de cidre, reprit son souffle.

– Monique élève sa fille à sa guise. Toi, tu es tellement influençable que tu pourrais céder à tous les garçons qui te sifflent. Tu es comme un oreiller : tu manques de fermeté.

Sans se retourner, elle emporta la galette vers la salle à manger. Je l'avais blessée, elle me répéterait à l'infini que je lui avais fait de la peine. Elle souffrait de tant de frustrations. La liste était longue : ce voyage de noces dont elle a été privée ; ces week-ends en amoureux auxquels mon père préférait les retraites ou les séminaires ; ces dîners au restaurant, huîtres caviar, qu'il remettait à plus tard ; ces cadeaux qu'elle espérait – foulard, bougie, bijoux en toc, des petits riens qu'il trouvait inutiles, plus préoccupé par ses clients que par les « caprices » de sa femme. Maman aurait pu s'offrir une thalasso, aller au cinéma, prendre rendez-vous chez la manucure, voyager avec ses amies . elle détestait ces « passe-temps pour désœuvrées », refusait de quitter le foyer d'immigrés, son mari, ses enfants. C'est elle qui préparait les valises de mon père quand il partait en Allemagne ou en Suisse pour affaires, elle qui veillait sur la maison, lavait le linge, réglait les factures, s'occupait de la réparation du toit, du débouchage d'un évier. Lorsqu'il rentrait de l'usine, elle nous obligeait à rester dans nos chambres pour qu'ils puissent se parler sans être dérangés. Elle aimait dire : Laurent passe avant tout, je suis plus épouse que mère, je me sacrifie pour vous. Comme si nous étions une charge, une corvée.

Ses peurs venaient de loin, du temps où sa sœur cadette la forçait à porter son cartable. Elle avait aussi la phobie des oiseaux, nous ordonnait d'éloigner les poules qui caquetaient devant elle dans les dédales des souks. Canards, oies, hirondelles, autruches, paons et autre volaille la terrifiaient, mais elle collectionnait les canards en faïence qu'elle plaçait en rang d'oignons sur les étagères de la cuisine. Ses peurs venaient de la guerre, des alertes, des bombes. De ce jour où des officiers allemands ont tambouriné à la porte du boulevard Saint-Germain : papiers ! Patriote, résistant, *schnell* ! Elle a vu son père se faire embarquer, menottes aux poignets, entendu les pleurs de Diane lorsque Gaston était prisonnier à Drancy. Elle a cru qu'il serait envoyé vers l'un de ces camps de travail dont personne ne revenait. Ma grand-mère s'était rendue à la Kommandantur avec une fausse radio des poumons pour faire croire aux Allemands que son mari était atteint d'une pneumonie contagieuse. Les boches l'avaient transféré à l'hôpital du Val-de-Grâce. À la Libération, Gaston était revenu maigre comme un coucou.

Après la guerre, ma mère souffrait de décalcification. On l'avait envoyée dans une clinique en Suisse où elle partageait sa chambre avec une femme qui sortait d'un camp de concentration. Pendant des nuits, elle l'avait écoutée, n'en touchait mot à personne. Un après-midi, alors qu'elle discutait avec une amie, j'avais surpris leur conversation. Elle se disait hantée par l'image des petites Tziganes qui sortaient des salles d'expérimentation en pissant du sang. J'en avais eu froid dans le dos. Dès son retour à Paris, elle avait rattrapé son retard à l'école en travaillant d'arrache-pied, même si son orthographe laissait encore à désirer.

Ma mère vérifia que le couvert était bien dressé, la serviette sur le côté, les bouquets équilibrés, l'argenterie brillante. Elle avait décoré le centre de table de pommes de pin et de couronnes. Marthe faisait le grand écart sur le tapis. Violette la singeait. Jean-Loup sifflait dans ses doigts. Oignon léchait la joue de Tom.

Après le café, je passai devant le Moll, mais la mobylette de Patrice n'y était pas. Étrangement, je me sentis allégée d'un grand poids. Je ne risquais plus de provoquer un nouveau drame à la maison. En rentrant, une carte postale de Camille m'y attendait. Une photo de Courchevel où elle avait passé les vacances avec Patrice et Gérard. Marc était dans les parages, ce qui ne me rassura pas. La carte déchirée, je m'en voulus d'avoir été aussi passive et décidai d'appliquer la méthode qui avait si bien marché avec Damien. Il ne me manquait plus qu'une bonne occasion pour *ferrer* Patrice, comme disait Camille lorsqu'elle partait en chasse.

Le soir, Suzie contre ma poitrine, je me répétais les mots de Patrice : « tu es mon amour absolu », « tu ressembles à un écureuil qui saute de branche en branche », « qu'est-ce que tu es jolie »,

« tes yeux me font aimer les forêts ». J'avais beau me dire : ce sont des niaiseries, il t'a oubliée, je les récitai encore et encore, pour me convaincre que j'étais aimée, désirée.

Aux premiers bourgeons, l'idée d'une boum pour mes quinze ans germa. Nous étions en mars. Il me restait un mois pour lancer des invitations et j'avais bien l'intention d'en envoyer une à Patrice.

Le dîner s'achevait, mes frères et sœurs s'étaient retirés. C'était le moment. Je défendis mon projet avec ce qu'il faut de détachement pour infléchir mes parents qui risquaient de se braquer si je me montrais trop insistante. On obtient toujours plus des autres lorsqu'on leur donne la possibilité de dire non, de choisir. Ma mère s'était fait enlever une dent de sagesse et mâchait avec lenteur un morceau de munster. Mon père jeta sa serviette.

– Quand j'étais jeune, les filles de ton âge ne sortaient pas. Que feras-tu à vingt et un ans si tu as déjà tout vu ? Tu es une gosse. Tu ne penses qu'à t'amuser. Regarde tes notes, ton écriture, ta façon de te maquiller. Que de négligence, de laisser-aller ! C'est facile d'exciter les garçons…

Quelle mouche l'avait piqué ? Son œillade à maman ne m'avait pas échappé. Devant elle, il n'était plus le même. Bien qu'il fût parfois sujet à des colères, il avait repris mot pour mot ce qu'elle me ressassait. De vieux schnocks ! J'attrapai une reinette, m'agrippai à la rampe de l'escalier pour ne pas me jeter du deuxième étage. Mes coussins valdinguaient, les poils de mes peluches se hérissaient, les plumes de mon oreiller s'envolaient. Alerté par mes cris, Jean-Loup glissa la tête dans l'embrasure de la porte. Dehors ! Enfin seule, je passai un gant de toilette frais sur mon visage : yeux rouges, cheveux secs, je me trouvais moche et vieille. Murmures et chuchotements montaient de la chambre de mes parents. Ils discutaient, complices et je me disais qu'ils feraient mieux de faire l'amour plutôt que de dire du mal de moi. D'une écriture un peu brouillonne, je me donnai du courage : « Papa va regretter de s'être emporté. Je l'infléchirai – je sais comment m'y prendre, le faire rire, le charmer. Il doit tant s'ennuyer avec maman ! Les psychologues disent que les jeunes ont d'abord besoin de s'opposer à leurs parents pour adhérer à leurs idées. Ils se trompent. Bien que j'aie encore beaucoup de choses à apprendre, les imiter serait me soumettre, renoncer à ma soif de justice, à mon désir de me libérer du carcan qui m'enserre. Pour maman, il n'y a que deux voies : d'un côté, celle du plaisir, de la facilité. De l'autre, celle de l'effort, qui me permettra de poursuivre mes études à Paris. Si grandir, c'est entrer dans un monde assommant, plein de contraintes, je ferai tout pour préserver ce qui n'appartient qu'à moi : l'enthousiasme et la folle gaieté que Camille m'a transmises. Cette énergie me rendra forte, elle m'aidera à réussir ce passage à la vie d'adulte que j'appréhende et désire à la fois. »

À cheval sur un traversin, entourée de ma trousse en plastique fluo, de mon cahier de textes émaillé d'étoiles et de mes classeurs multicolores, une main sur la page de ma leçon du jour, la conquête de l'Amérique, je me récitais chaque phrase, avant de vérifier que je ne m'étais pas trompée. Si je voulais ma boum, je devais faire le maximum. La perspective de croupir à Mulhouse me faisait horreur.

En quelques jours, mes notes grimpèrent : 15 en dictée, 18 en anglais. L'écureuil était de retour. Tom faisait rouler son train électrique, mes sœurs se bagarraient à coups de ballons. Pendant que ma mère demandait à Laosine de préparer le cocktail du soir, je me faufilai dans sa salle de bain, lui chipai son pantalon en velours de lin bleu, me félicitai de pouvoir rentrer dedans. À la cuisine, je dévorai un croissant chaud. Tablier autour de la taille, ma mère malaxait un taboulé. Elle se lava les mains, fit claquer un torchon.

– Mon pantalon neuf ! Tu vas le salir. Je voulais le mettre tout à l'heure. Mon armoire n'est pas un self-service. Pour la peine, la prochaine fois, tu me donneras cinq francs. Je ne sais plus comment m'y prendre avec toi, je suis dépassée. Il faudra que tu fasses bonne impression à nos amis. Je voudrais tant que tu sois une fille sympathique, réfléchie, avec des valeurs morales, du sens pratique, pérora-t-elle en s'asseyant sur la banquette à carreaux.

Valeurs morales, VM. Sens pratique, SP. La formule fera rire Camille, pensai-je avant de beurrer des tranches de pain de mie et de croquer un cornichon. Au lycée, le proviseur nous avait parlé des cours d'éducation sexuelle du planning familial. En prévision de mes rendez-vous avec Patrice, il me semblait indispensable de m'y inscrire. J'en parlai à ma mère. Elle posa son couteau, réfléchit un instant, puis, comme un professeur qui expliquerait à ses élèves le théorème de Thalès, affirma d'un ton docte :

– Je ne suis pas pour. Cette association laïque veut réguler les naissances par la pilule. En tant que chrétiens, nous pensons que les femmes qui la prennent risquent de coucher avec n'importe qui, n'importe quand.

– Mais si une jeune fille a un amant et tombe enceinte, cela vaut mieux que d'avorter ou d'élever un enfant non désiré.

– Une jeune fille ne doit pas avoir d'amant. Des études ont été faites sur la question : la pilule peut provoquer un cancer ou rendre stérile.

– Adrienne prend la pilule. Paraît qu'il n'y a aucun risque. En plus, elle permet d'éviter aux mères de familles nombreuses, épuisées par leurs grossesses, d'avoir un gosse de trop…

On sonna. Livraison des boissons.

Vodka. Ma mère avait choisi un buffet russe : une idée plus originale que les éternels petits fours et barbecue-saucisses grillées des pince-fesses mulhousiens. Non pas que ces dames du Rebberg manquaient d'imagination mais… comment dire ? Elles n'avaient pas cette *touch of class*, cette distinction parisienne que maman tenait de sa famille, ce mélange d'esprit et de maintien dont elle était fière qui lui donnait une aura particulière en Alsace. Elle n'aurait pourtant pas aimé qu'on dise qu'elle était hautaine ou mondaine. Se voulait modeste, attentive à chacun, gardait une certaine distance pour être respectée, voire crainte. Très habilement, elle s'était débarrassée des grincheux du Rotary, des notables protestants, des banquiers, des officiers à la retraite qui jouaient au bridge dans leur club enfumé. Dans le cercle des amis de mes parents régnait une ambiance bon enfant et décontractée. Chacun leur tour, ils proposaient des activités : un sentier de GR, des circuits pour virées en peau de phoque, une ferme-auberge isolée au fin fond d'une vallée. On se reniflait, on se reconnaissait par une manière de s'habiller chic et sport. On faisait partie du Ski Club Vosgien ou du tennis club, on raffolait des myrtilles, des marmottes et des raclettes. Un petit monde où il était de bon ton de paraître jeune et sportif, les copains d'abord. Ma mère s'y ennuyait parfois, regrettant les brillantes conversations du boulevard Saint-Germain, sa bande d'anciennes camarades de classe et les conférences à l'Institut catholique de Paris ou à Sciences Po. Elle savait que son buffet russe, à l'image des cocktails parisiens de sa mère, ferait de l'effet. Surtout le bortsch servi à la louche et le koulibiac, ce pâté en croûte fourré de kacha, de saumon et d'herbes fraîches. Elle avait discrètement placé un pot de caviar dans un seau à glace près des harengs et des gros cornichons. Un long couteau cranté à la main, Laosine découpait des tranches de saumon qu'il servirait avec des blinis tièdes et de la crème épaisse. Robe damier, veste de cuir, sandales à semelles compensées, Céline Prunier arriva la première et prit le bras de mon père.

– Du béluga ! Quelle merveille, Laurent !

À quoi jouait-elle, cette allumeuse qui roucoulait devant papa ? Batifolant, il la conduisit vers le buffet, lui tendit une assiette de caviar. La Prunier en porta une cuillère à sa bouche, au bord de l'extase. En tailleur amande, ma mère posa la main sur l'épaule de mon père.

– Allons accueillir le maire et son épouse, mon chéri. C'est la moindre des politesses.

Pendant qu'ils allaient les saluer, Blandine Keller, la femme du psychanalyste chez qui s'allongeaient les bourgeoises du Rebberg, fondit sur Pierre Decker, le patron de l'entreprise de ciment Decker et Fils. Cheveux coupés à la garçonne, dans une robe caramel en lainage qui épousait ses rondeurs, Blandine relata son voyage au Tibet comme si elle était sur scène. Elle avait crapahuté jusqu'à Lhassa à dos de mulet, séjourné dans un monastère où elle avait ouvert ses chakras. Tous les ans un nouveau *trekking*. Au printemps, elle avait traversé le Yémen avec des Bédouins. Pendant l'hiver, elle avait remonté le fleuve Niger en pirogue. À croire qu'elle fuyait son psy de mari. Les Kahn avaient « fait » l'Égypte, les Vinckler, un safari en Tanzanie avec escale à Zanzibar dans un hôtel champêtre. Il ne manquait plus qu'une descente en traîneau en Alaska ou un raid en Amazonie. Dans ma robe bleue de chez Plumo, je servais les amuse-gueule : crevettes grillées, moules farcies, rondelles de radis blancs, de concombres. Rousse épanouie, Sandra Meyer, la prof de yoga, dévorait un canapé au tarama.

– J'ai adoré la fête hippie des Ruhland, pas toi ? lança-t-elle à Jacqueline Zimmer, la mère de Marc, haute tour blanche gainée d'une jupe mi-longue vanille.

Jacqueline trempa un bâtonnet de carotte dans la mayonnaise, se lécha les doigts.

– D'un goût douteux, rétorqua-t-elle. Sous prétexte qu'ils avaient le droit de gesticuler sur une musique assourdissante, certains se sont permis des épanchements de gamins de quinze ans. Mon fils a trouvé ça ridicule.

Je lui tendis une coupe de champagne, pressée de savoir ce que devenait Marc.

– Vous auriez pu venir avec lui. Ça fait longtemps que je ne l'ai pas vu.

– Ne m'en parlez pas, s'assombrit-elle. Camille a rompu avec lui. Elle lui a fait beaucoup de mal.

Mon plateau tremblait, les verres cliquetaient.

– Dans le fond, je ne suis pas mécontente de cette rupture, reprit Jacqueline. Je n'aurais pas voulu que Marc épouse une fille de divorcée. Plus personne ne reçoit Monique. Ce pauvre Daniel, il n'a pas mérité ça.

Mon plateau sur la commode, j'avalai un verre de vodka cul sec et filai vers le bureau de mon père pour passer un coup de fil à Camille. Les battants de la double porte étaient fermés. À l'intérieur, papa tenait l'échelle de la bibliothèque où Céline était perchée, ses longues jambes dorées sous son nez. Était-il en train de lui caresser les mollets ? La Prunier sursauta, perdit sa chaussure de vair. Les cheveux en broussaille, l'air contrit, mon père me fit signe d'approcher.

– Nous cherchions un livre sur les Ballets russes de Diaghilev. Céline prend des cours de danse. Elle va te donner l'adresse de son professeur, n'est-ce pas chère voisine ?

– Ça sera plutôt pour Marthe. Moi, ce n'est pas mon fort, dis-je en tournicotant vers la porte.

Dans la cuisine, Laosine préparait un panier de fromages. Une cuillère de cancoillotte et je détalai vers mon journal. « Camille l'a largué ! Maman m'avait prévenue de son double jeu. Cette peau de vache a fini par se débarrasser du frisé pour me voler Patrice. Ces vieux m'écœurent. Bande d'hypocrites ! Ils font des ronds de jambe, complimentent ma mère, alors qu'ils médisent en douce : le saumon est trop gras, le vin piqué, ma robe trop courte, que sais-je ? Tout à l'heure, la Prunier remerciera maman d'un air fielleux. Mon père proposera à son époux une partie de tennis. La Keller a fait du gringue à Pierre Decker, sous le nez de son mari – paraît que les psys sont laxistes. Avec ses airs de sainte nitouche, je suis sûre qu'elle affabule. Que manigance Camille ? Ah ! Si seulement je pouvais l'espionner. Ah ! Si j'étais voyante ou chiromancienne. Il me faut reconquérir Patrice. Il doit se lasser d'elle : trop snob pour lui. Quand elle sera installée dans un cent cinquante mètres carrés du 16e arrondissement, j'aurai enfin le champ libre. Si seulement j'avais le droit de faire ma boum. On mettrait des disques à plein tube, on fumerait, on divaguerait, la vie quoi ! Mais j'y pense : depuis que j'ai surpris papa avec la voisine, il sera peut-être plus enclin à céder. »

6

LE LENDEMAIN, lorsque mes parents rentrèrent de la messe, je me laissais bercer par les mouvements de la balançoire, près du noisetier. Les oignons que ma mère avait plantés en automne avaient germé. Jonquilles et narcisses étaient à la fête. Sur la pelouse, mon père lança un bâton qu'Oignon s'empressa de rapporter. Je sautillai vers lui, cueillant au passage un bouquet pour ma chambre. Papa regrettait que je ne sois pas allée au Sacré-Cœur. C'était le jour des communiantes, le sermon portait sur la première lettre de saint Paul aux Corinthiens. L'amour est plus grand que l'amour, clama-t-il. Oignon caracolait, le bout de bois dans la gueule. J'en vins au cocktail : une réussite, plus un grain de caviar, plus une goûte de vodka. Un triomphe, ce koulibiac ! À propos, n'oublie pas de me donner l'adresse du prof de danse de Céline Prunier. Marthe est si douée, elle pourrait devenir danseuse. Accroupi sur l'herbe, mon père repoussa Oignon qui lui léchait l'oreille droite et me le promit. Lorsque je lui proposai d'assister au cours avec moi, il se rétracta, suggéra plutôt d'inviter Céline à dîner avec son mari. Le nez dans une jonquille, je me délectais : nous pourrons être à table avec vous, n'est-ce pas ? Mes notes sont meilleures. Dis, papa chéri, tu serais d'accord pour ma boum ? Mon père me pressa contre son cœur et j'ignorais si c'était pour me remercier de mes progrès au lycée ou pour étouffer les questions qu'il appréhendait.

Dans les Vosges, les dernières pistes ouvertes se trouvaient sur les crêtes. Un samedi, Camille m'appela pour me proposer de skier au Grand Ballon où Patrice travaillait comme perchiste à ses heures perdues. Je jubilais : demain, je vais le revoir ! Enfin ! Lui si frileux, si fluet, il devait souffrir là-haut. Pas le genre à conduire un chasse-neige, à secourir des blessés, à tailler des troncs à la scie avec les montagnards. Pour le requinquer, je vais lui apporter une fiole de whisky, du pur malt, *of course.* Flo m'accompagnera. Maman sera rassurée.

Fuseau noir vieillot, anorak jaune verdâtre, mon amie des Guides m'attendait devant la gare en compagnie de son camarade, Étienne, chef scout toujours prêt. Dans le bus qui zigzaguait sur des lacets interminables vers le Grand Ballon, elle me tendit un paquet d'oursons en guimauve et des roudoudous à la menthe contre la nausée. Là-haut, on ne voyait pas plus loin que le toit du chalet-restaurant d'où s'échappait une fumée blanche. Un vent violent me gifla. Camille devait être sur la piste. Mes skis aux pieds, je glissai sur la neige tassée, évitant les cailloux. Les fesses en arrière, Flo me suivait péniblement. Perdue dans la brume, avec pour seul horizon une ligne de sapins, je piquai mon bâton et slalomai autour des bosses à la manière de Jean-Claude Killy, dont j'avais été folle amoureuse. Patrice était en bas, je voulais l'épater, godiller avec brio et terminer ma course en beauté, bras écartés.

La queue s'allongeait devant la cabane du tire-fesses. D'habitude, je resquillais allègrement. Cette fois, je patientai entre deux types, les yeux rivés sur Patrice, en contrebas. Emmitouflé dans un manteau en poils de grizzly, les cheveux saupoudrés de flocons, il plaçait un gamin devant la remontée mécanique. Une rondelle entre les jambes du bout de chou et en avant. En descendant en escalier vers le remonte-pente, mon ski gauche dérapa sur la glace. Je perdis l'équilibre, tombai sur le derrière et me mis à dévisser comme une débutante de première étoile jusqu'aux pieds de Patrice. Sourire éblouissant, il me releva.

– Ça va ?

Rouge de confusion, je cherchais mes mots.

– Oui, oui. Merci. Pas trop dur ce boulot ?

– Faut bien gagner sa croûte ! Camille vient de remonter, elle voulait se réchauffer dans le chalet, dit-il en m'aidant à aligner mes skis.

Le brouillard s'épaississait. Une dame attendait son tour. J'avais peur de le déranger, je ne savais plus quoi dire. Comme interdite. Quelque chose s'était brisé. Les paroles de ma mère me revenaient, me paralysaient. Patrice me tendit une perche. Un dernier regard et je m'envolai. Les skis dans des rails, mes dents claquaient, mes lèvres tremblaient : il a dû être déçu par ma froideur. J'ai oublié d'emporter une gourde de whisky. J'aurais dû lui proposer de boire un verre de vin chaud, me moquer de son manteau. J'ai tout gâché, aussi empotée que pendant la boum de Camille à Saint-Tropez. Sur la neige, des traces de chamois, de lynx. Où se cachent-ils pour pleurer ?

Au sommet de la piste, le ciel s'éclairait. Au lieu d'aller retrouver Camille, je m'élançai à nouveau, décidée à surmonter ma timidité, à rester avec Patrice près de la cabane, à blaguer, à m'enfoncer avec lui dans un trou de neige. Un gros blond, bonnet vert à pompon, me doubla, tout schuss.

Patrice avait disparu. Ne me restait plus qu'à faire demi-tour. En haut du tire-fesses, une lumière dans la ouate : la ferme du Ballon. Autour d'un feu de bois, des couples dansaient sur des airs du Tyrol, des serveurs apportaient aux clients des omelettes au lard, du munster, du gewurztraminer, des tartes aux myrtilles. Camille et Patrice étaient introuvables. J'enlevai mes gants d'un coup de dents, m'assis près de la cheminée, réchauffai mes pieds devant l'âtre. En chaussettes, j'explorai chaque recoin du chalet, finis par les surprendre derrière une grosse poutre, attablés devant des crêpes. À leurs mines gênées, ils avaient forcément beaucoup de choses à se reprocher. Camille me plaqua un baiser sur la joue, comme si de rien n'était.

– Assieds-toi. Tu veux un peu de ma crêpe aux andouillettes ?

– Bande de lâcheurs, je vous cherchais partout.

– Pas compliqué de nous trouver. Allez, ne fais pas cette tête, badina Camille.

Petit garçon fautif, Patrice me proposa un bol de cidre. Son shetland gris lui collait à la peau. Un sourire poli et il alluma une cigarette. Les dés étaient jetés, les crêpes servies, la messe dite. Camille et lui ressemblaient à un couple ordinaire avec ses taquineries, ses chamailleries, ses gri-gris. Depuis la Toussaint, ils avaient passé de longs dimanches ensemble. Alanguis sur le lit de Camille, ils avaient écouté John Lennon, Neil Young, Genesis, fumé, bavassé, flirté. Ils me dégoûtaient. Un accordéoniste jouait

Y a d'la joie de Trenet. Camille fit la moue, Patrice reconnut qu'il le considérait comme un grand poète. En mâchant un bout d'andouillette, je cherchais à attirer son attention. Tu es toujours en terminale à Sainte-Ursule ? Ma voix sonnait faux. Elle montait d'une des chambres grises de ma mémoire, elle avait la couleur du béton, des pavés, des égouts, des tabliers de classe. Presque éteinte, c'était la voix de ma mère, la voix de la Valeur morale et du Sens pratique.

Patrice détourna la tête, se balançant au rythme de l'accordéoniste. *Bonjour bonjour les hirondelles.* Camille se moqua de deux grosses dames qui dansaient ensemble, détacha sa queue-de-cheval, fit voler ses cheveux. Ma crêpe avalée, je levai le camp. Je voulais disparaître, ne plus voir leurs mines réjouies, ne plus entendre les minauderies de Camille, le rire gras de Patrice. D'un geste lent, il m'aida à enfiler mon anorak. Prenant mon temps pour glisser la fermeture Éclair, j'essayai de le retenir.

– Tu viendras à mon anniversaire ?

– J'y ferai un saut, mais je ne suis pas fan des minets du Rebberg, lâcha-t-il, avant d'attraper son grizzly et de remuer ses gants comme une marionnette, en guise d'adieu.

Sur une table de ferme, Flo et Étienne se partageaient une part de tarte aux myrtilles. Langue bleue, joues cramoisies, Flo avait décidé de prendre le prochain bus. La neige avait fondu, plus rien à attendre ici. Combinaison rose bonbon, chaussures de ski bien serrées, Camille titubait, tel un astronaute marchant sur la lune. Fouettée par la grêle, je la fusillai du regard.

– Maintenant que nous sommes seules, dis-moi la vérité. Il paraît que tu ne sors plus avec Marc. Sa mère m'a dit qu'il déprimait.

– Quelle menteuse ! C'est elle qui l'empêche de me voir à cause du divorce de mes parents.

– Et tu en profites pour me piquer Patrice ! Tout à l'heure, vous vous êtes roulé une pelle. Avoue.

Elle noua nerveusement son écharpe.

– Ne fais pas une crise de jalousie, tu es ridicule. Regarde-toi, aussi coincée que ta mère. Patrice n'a rien compris. Tu étais moins nunuche dans le grenier. Il s'est demandé pourquoi tu faisais ta mijaurée.

– T'es dégueulasse ! J'en ai bavé depuis cette histoire. Toi, tu t'es bien marrée. Je suis sûre que Patrice n'a pas cafté. Tu m'as raconté des bobards pour me foutre la trouille. Si j'apprends que tu m'as fait ce coup-là, je ne te reverrai plus jamais !

Une rafale souleva mon bonnet. Le blizzard balaya la neige, emportant le blanc on ne se sait où.

Devant l'arrêt de bus, Flo et Étienne brandissaient leurs bâtons. Mes skis dans le coffre du car, je m'installai près d'un moniteur qui empestait le vin. La tête sur l'épaule d'Étienne, Camille lui resservit la blague en alsacien que je lui avais soufflée – celle du bal du dimanche après-midi à Eschentzwiller, dans le Sundgau, où Tony invite Marie-Rose Buchenstrofenmeyer de Schoenensteinbach à danser le slow, avant de lui proposer de faire un tour sur sa mob. *Che suis so timide, ch'ai pas si ch'osserai, weich*, glousse Marie-Rose.

Le museau contre la vitre, je dévorai une barre de Mars. Il ne faut jamais délaisser les hommes : ils vous remplacent. Demain, je prendrai la pilule, je coucherai avec Patrice et il sera à moi. Rien qu'à moi.

Les jours qui suivirent, je me sentis lamentable. Camille avait bien fait de me rudoyer. J'aurais dû m'en douter. Patrice était paumé, il avait volé une paire de skis et séché tellement de cours qu'il risquait d'être exclu de Sainte-Ursule. Elle m'avait assuré qu'elle le chaperonnait, qu'ils étaient amis. Je n'en croyais pas un mot. Peu à peu, l'humiliation fit place au désir de revanche. Il me fallut remplir trois pages de mon journal pour me convaincre que je ne pouvais en rester là. Plus qu'une issue, ma dernière trousse de survie : le rendre fou de jalousie pendant ma boum. Trois pages qui se terminaient par ces mots : « Ce soir-là, je saurai s'il a des couilles ou s'il est un raté. »

Le jour de mes quinze ans, maman était affolée. Jackie voulut venir avec sa bande : Adrienne, son petit ami, Élise et ses frères. Ma mère me menaça de tout annuler. En entendant mes hurlements, mon père prit mon parti. Il était 17 heures. À peine le temps de transformer la salle de jeux en boîte de nuit. Jean-Loup et Laosine transportèrent un tapis et des tables de bridge. À 18 heures, Camille fit son apparition, sauta de joie devant les posters, les guirlandes de loupiottes et les piles de disques.

Dans la salle de bain, pomponnées comme deux actrices qui attendent le lever du rideau : tuniques transparentes, vert pomme pour moi, fuchsia pour Camille, pantalons pattes d'eph feu et mauve. Parée d'un collier de coquillages, d'une multitude de bracelets, Camille me reprocha de trop me maquiller – ça vieillit –, m'enduisit les lèvres d'un rose fluo à la fraise. Le truc qui fait tomber les garçons ! Comment faisait-elle pour être si sexy, si drôle ? J'avais beau tenter de percer ses secrets, de l'imiter, elle m'intriguait, me fascinait par son assurance et cette féminité qui semblait suinter par tous les pores de sa peau. À côté d'elle, je me sentis flancher. Camille était trop forte, je serais incapable de jouer la comédie. Elle me démasquerait. À la cuisine, Laosine s'affairait : canapés, quiches, pâtés, cochonnaille, couscous, gâteaux. Maman avait tout prévu, même la soupe à l'oignon en fin de soirée. Entre deux poutres, Jean-Loup jonglait avec les 33 tours, mit *Oh Happy Day* des Singers, au grand dam de Camille qui voulait à tout prix *Day Dream* de Wallace Collection.

Plantée dans l'entrée, je guettais mes amis. Une fleur dans les cheveux, jupe indienne, cuissardes vernies, Adrienne me tendit un énorme paquet : la veste afghane dont je rêvais. En peau de mouton brodée, fourrée de laine, elle empestait le bouc mais ressemblait à celle de Jane Birkin dans *Les Chemins de Katmandou.* Lunettes rondes à la John Lennon, Jackie fit rouler un Solex noir flambant neuf jusqu'à la maison. Dément ! Il l'avait bricolé pour moi. Contrairement à ma vieille bécane, celui-là ne calerait plus. En prime, des phares et un rétroviseur. Promis, le premier rock serait pour lui.

Sous le regard envieux de Flo et des sœurs Muller qui faisaient tapisserie, Jackie me fit voltiger dans un rythme d'enfer. Passe à droite, à gauche, ruades, hennissements, un rodéo ! Par chance, je réussis à tenir sur la bête jusqu'à ce qu'il rentre à l'écurie boire un daïquiri. *Rock My Soul* contre un Solex : il avait bien mérité ça.

Christian ouvrit un sac rempli de serpentins et de confettis, les jeta à la volée. Un massacre. Il y en avait partout, sur les cheveux, les épaules et même dans les soutiens-gorge. Des pétards explosaient. Au moment où j'enroulais une ribambelle de serpentins autour de la tête de Jackie, Patrice apparut. Chemise à pois, col pelle à tarte, bottes et ceinturon, après un coup d'œil furtif sur l'assemblée, mon bel indifférent se dirigea vers le tourne-disque, baratina Jean-Loup, imposa *Taj Mahal.* Le temps d'un éclair, j'imaginais la suite : il se dandinerait avec Camille, boirait un coup et filerait à l'anglaise. Il fallait à tout prix qu'il me remarque. Enivrée par la musique, je me déhanchais dans une danse du ventre des plus érotiques, comme la fatma me l'avait appris, j'ondulais, vibrionnais, électrique. Rien n'y fit : adossé à une poutre, le regard vague, Patrice sirotait un verre de sangria. Aux premières notes de mon slow préféré, *Rain and Tears*, Camille couvrit sa chevelure de confettis, se pendit à son cou, l'entraîna sur la piste. Plaquée contre Marc, elle murmurait des sucreries à l'oreille de Patrice. Sous la boule à facettes, son visage passa par toutes les couleurs de l'arc-en-ciel et devint aussi vert que celui de Fantômas. Jean-Loup eut alors la bonne idée de mettre Doctor Dumbar's Prescription, dont la batterie me fit tourbillonner jusqu'à en perdre l'équilibre. Une ronde se forma autour de moi. Arabesques, lancers de jambe, tourniquets : j'étais libellule, sauterelle, hirondelle, tout à la fois. Un punch pour me requinquer, Patrice s'était envolé.

Sur le palier, accoudé à la rampe de l'escalier, il grillait une Gauloises. De peur de l'effrayer et qu'il tombe à la renverse, je lui dis tout bas :

– Tu ne danses plus ?

À cet instant, Oignon grimpa ventre à terre vers nous, aboya comme un fou. D'un doigt, je lui ordonnai de se coucher, glissai à Patrice :

– C'est un grand affectif qui déprime quand mon petit frère n'est pas là. On lui donne même des antidépresseurs. L'autre jour, il a fugué, on l'a retrouvé à la gare, sur des rails.

D'un coup de museau, Oignon poussa la porte de ma chambre. Patrice le suivit et caressa la croupe du labrador qui se pelotonna à ses pieds. Quelques minutes plus tard, Oignon sauta sur mon lit et s'étala entre mes coussins, pattes écartées.

– Il se sent bien ici, ce bon chien. Dis donc, tu es en excellente compagnie, s'exclama Patrice devant mon poster de Che Guevara.

Il attrapa sur ma pile de magazines le dernier *S.L.C.* avec Joe Dassin en couverture, fit la moue, se toqua de préférer *Rock and Folk*, se dirigea vers mon bureau où mon cahier de français était resté ouvert.

– Tu as une belle écriture. Ça bosse ! rit-il en jouant avec mon ours en peluche.

Inquiète qu'il n'ouvre mon tiroir, ne découvre mon journal, j'avais l'impression qu'il se moquait de moi. Il s'engouffra dans la salle de bain. Je l'entendis uriner, un jet long et puissant. Il s'attarda un moment. Était-il en train d'humer mes petites culottes qui jonchaient le carrelage ? Se servait-il de ma crème de jour à l'huile d'argan ? La tête sous le robinet, il s'aspergeait les pommettes à grandes eaux. Lorsqu'il se tapota les joues comme papa avec mon eau de toilette, je me dis qu'il serait délicieux de partager la même salle de bain, de le voir se doucher, se raser tous les matins. Je m'apprêtais à retoucher mon maquillage quand il me prit par la taille et m'embrassa doucement les joues, les tempes, les yeux, par petites touches, de plus en plus pressantes. Cette fois, je lui donnai ma langue. J'étais à lui. Je ne savais plus qui j'étais.

– J'en avais tellement envie, sourit-il en déboutonnant le haut de ma tunique.

Un pas en arrière, je m'adossai au lavabo, si froid contre mes reins. J'étais crispée, mes mains se fermaient, mes bras s'ankylosaient, mon cœur battait comme les tam-tams des fantasias : je ne peux pas, je ne dois pas, quelqu'un va entrer, ce sera terrible. Sans insister, Patrice s'assit avec lenteur sur le radiateur, m'observant du coin de l'œil. Le néon m'aveuglait. Retranchée près du placard, je reboutonnai ma tunique.

– Le grenier ? Tu n'en as pas parlé ?

Son sourcil droit se leva. Il fit non de la tête, me promit qu'il disait la vérité. Je le crus. Patrice sortit alors de la poche de son jean une drôle de cigarette.

– Ça t'ennuie si je fume un pétard ?

Je n'avais jamais entendu ce mot. Dans *Les Chemins de Katmandou*, on disait plutôt herbe ou haschich. Ayant refusé ses avances, je ne pouvais pas le priver de ce plaisir. La tête en arrière, il aspira longuement son joint, m'en proposa une taffe. Non merci. Attendri, il me conseilla de faire sécher des peaux de banane – paraît qu'elles font le même effet –, me fit jurer de ne rien dire à personne, ouvrit la fenêtre, se retourna, le pétard entre deux doigts.

– Mon père me foutrait dehors s'il savait. L'autre jour, il m'a traité de bon à rien, ce connard.

Son visage se décomposa, un clown triste. Ses pupilles se dilatèrent. Une main sur le cœur, il me parla de son enfance à Bourtzwiller, de sa tante, Jeanne Lanterneau, qui y vivait encore. Lorsque son père le tabassait à coups de cravache, il allait se réfugier chez elle ou chez des amis de la cité. Ses moments les plus heureux, c'était en Bretagne, à Beg-Meil, dans ces petites criques de sable blanc, à l'ombre de grands pins, où il pêchait des crabes et des crevettes, rêvant devant les bateaux qui levaient les voiles vers l'île au Mouton. Les épaules voûtées, il soliloquait : un jour, je me tirerai d'ici et on n'entendra plus parler de moi.

– Passe ton bac d'abord, dis-je avec le ton autoritaire de Camille lorsqu'elle me ramenait à la réalité. Quand tu vivras chez ta mère, ce sera plus calme, tu finiras par t'entendre avec ton père.

Au lieu de se ressaisir, il se ferma avant de frapper du poing la porte de la commode.

– Je ne mettrai plus les pieds chez lui ! Tu ne le connais pas. Avec Monique, il est tout miel, à la maison, tout fiel. Il y a quelques années, il a menacé ma mère avec un couteau. J'ai voulu le tuer, j'étais trop petit.

Tête baissée, il fixait un bout de coton sur le sol. La douleur devait lui être insupportable. Une douleur sourde, enfouie, si ancienne qu'elle semblait l'isoler sur une planète de glace et de flammes. J'hésitai à effleurer sa joue, me contentai de prendre son poignet.

– Tu dois être soulagé que tes parents divorcent.

Une dernière bouffée et il jeta le mégot dans le jardin.

– Ce que je veux, c'est la musique et toi, ma belle.

Dans ses yeux, des éclairs aussi éblouissants que des comètes. Oignon jappa. Ses oreilles remuaient, sa langue pendait, sa queue frétillait. Il était temps de rejoindre les autres. Patrice dévala l'escalier. À cet instant, Camille apparut.

– Juliette, on t'attend pour souffler tes bougies.

3 heures du matin. Une épaisse couche de confettis, de mégots, d'assiettes et de verres en carton recouvrait le sol. Recroquevillée sous mes draps, Camille balbutia :

– C'était extra ta boum ! Demain, on ira voir *Satyricon* avec Marc et Patrice.

J'avais vu l'affiche du film de Fellini : un banquet à l'époque de la Rome antique, des corps emmêlés. Cette débauche m'attirait, pied de nez à cette ville où le couvre-feu est à 20 heures. Patrice allait aimer. Nous partagerions le frisson de plonger dans un temps où l'on s'adonnait sans limites à l'érotisme et aux beuveries.

– Papa dit que c'est un film de dégénérés, on dira qu'on a vu *Airport*.

Camille me félicita de m'émanciper, chercha des astuces pour faire croire que nous avions plus de dix-huit ans. Quelques minutes plus tard, sa respiration se fit plus lente. Elle s'était endormie. Je repensais à ce qu'elle m'avait dit dans le bus qui nous ramenait du Grand Ballon. J'étais si dépitée qu'elle avait passé un doigt autour de mon visage. Elle m'avait consolée, me révélant cette sensibilité qui me rendait vulnérable, loin du réel. Cette douceur qui, d'après elle, faisait mon charme. J'aurais voulu qu'elle dise du bien de moi à Patrice. Sans s'en rendre compte, ma cousine m'avait désinhibée. Mais si je lui avais raconté la scène de la salle de bain, elle ne m'aurait plus adressé la parole pendant des semaines. J'étais condamnée à la clandestinité. Patrice :

c'était chasse gardée. Après le Mullerhof, elle avait tout fait pour m'éloigner de lui. Son obstination à me caser avec Damien en disait long. Sous ses airs libertaires, Camille était à cheval sur les convenances. Ce soir-là, elle m'avait reproché d'avoir dansé comme une dépravée : quand on reçoit des amis, ça n'est pas convenable, m'avait-t-elle dit avec aplomb. Afin de ne pas éveiller ses soupçons, je n'avais pas moufté, me reprochant d'en avoir trop fait, alors qu'elle savait doser, séduire les garçons, tout en restant mesurée. À ma place, elle n'aurait pas hésité à ouvrir sa tunique, seins tendus vers Patrice. Décidément, il faudrait que je cesse de me mettre en scène. Son côté pratique me faisait parfois penser à ma mère. Elle ne pouvait pas comprendre mes désirs d'évasion. Après mon bac, je voulais partir pour Katmandou ou pour San Francisco, dormir sur des plages ou dans des auberges de jeunesse. Rentrer en France à vingt-quatre ans et devenir écrivain. Camille ferait Pigier, deviendrait l'assistante d'un grand patron, Paris à ses pieds. Ma tête bourdonnait, j'avais trop bu, trop dansé. Sur mes lèvres, le goût sucré salé de la langue de Patrice. Sur mes joues, ses caresses dont je voulais garder la douceur toute la nuit. Dans un demi-sommeil, j'imaginais les immeubles aux murs effrités, les cages d'escalier attaquées par l'humidité, où maman aidait des familles pauvres. Patrice avait vécu là-bas, à Bourtzwiller, dans les cris, la poussière, l'odeur des poubelles et du graillon. Le tic-tac du réveille-matin résonnait. Camille roula vers moi, son corps chaud contre le mien.

7

VESTE AFGHANE ET TUNIQUE VIOLINE, j'étrennais mon nouveau Solex. Camille sur mon porte-bagages, nous roulions dans la fraîcheur de cet après-midi d'avril, excitées de retrouver nos amoureux, alléchées par ce film sulfureux qui laissait présager des gestes défendus. À l'angle de la rue du Sauvage, un agent ganté de blanc nous obligea à nous garer sur le côté. Camille parlementa, lui fit croire que sa mère avait été hospitalisée d'urgence à cause d'une crise d'épilepsie. Le policier tint bon, dressa un procès-verbal : quatre-vingt-dix francs d'amende. Ça allait chauffer mais je m'en fichais : Patrice m'attendait. Pendant que Camille se blottirait contre Marc, nous nous cajolerions dans la pénombre. Devant le Palace, les mains sur le guidon de sa Honda 125 rouge, Patrice nous salua de la main avant de percuter la roue de la Gitane Testi grise de Marc.

– Mastoc, ton bestiard, mon vieux ! Un pot d'échappement de plouc, un engin d'avant-guerre. Tu ferais mieux de le mettre à la casse.

– De quoi je me mêle ? glapit Marc. T'as vu ta machine ? Antenne à queue de tigre, guidon bracelet, selle biplace, gaines de câble, guidon multiposition du genre Bottelin-Dumoulin : tu frimes, mais t'es qu'un nouveau riche.

Les yeux révulsés, Patrice semblait traqué. Il enleva sa gourmette, se frotta les mains. Allaient-ils en découdre ? Son corps se tendit comme celui d'un torero dans un *paseo solo*. Sur le tapis rouge, Camille jouait les arbitres.

– Du calme, les gars, vous n'allez pas vous battre pour des mobs.

Patrice me jeta un regard où se lisait un mélange de désespoir et de rage, enfourcha sa Honda.

– Tu me le paieras, salopard ! Allez, je me barre.

Plein pot et il pétarada en zigzagant entre les passants. Camille pâlit, s'attaqua à Marc. Il avait tout gâché, il n'aurait jamais dû traiter Patrice de nouveau riche, il avait appuyé là où ça fait mal. Penaud, Marc la suivit vers le guichet où une dame à forte poitrine vendait les billets. D'un ton ferme, Camille prétendit que nous avions dix-huit ans et s'installa à côté de son boy-friend, au dernier rang. Encore une fois, je servais de bouche-trou. Sur l'écran, des publicités pour Miko vanille-fraise, Coco Boer et Spring Gum.

En mâchant un chewing-gum, je me morfondais : pourquoi Patrice a-t-il pris la mouche ? Serait-il jaloux de Marc, malgré ce qui s'est passé entre nous hier soir ? Dans les bas-fonds du vieux Rome, deux étudiants se disputaient les faveurs d'un jeune esclave. Festins, enlèvement d'un hermaphrodite, corps à corps : les scènes devenaient répétitives, me lassaient. J'avais mal au cœur, mangé trop de pop-corn. En sortant de la salle, Marc fanfaronna.

– Trop fort, Fellini ! Il a peint ce qui nous attend : la décadence, la luxure et la bêtise.

Camille voulait aller au Moll, piaffait d'impatience. Sa mère la retrouverait vers 19 heures à la pâtisserie Schwab. Marc l'embraqua sur sa Gitane Testi pour une partie de baby-foot. Je me consolais en roulant sans caler sur ma belle bécane. Un coup d'accélérateur et j'oubliais mes tracas sous les pousses fraîches des tilleuls du square de la Bourse. Au rond-point de la gare, mon Solex se déchaîna. N'en faisant qu'à sa tête, il vola vers un trottoir qui semblait l'attirer irrésistiblement. Dans un sursaut, je saisis le frein, heurtai un poteau du parking, emportant le pare-choc que j'accrochai sur le porte-bagages avec la sensation qu'un peu de moi-même s'en était allé.

Des cris stridents montaient de la chambre de maman. Violette trépignait, ses grands yeux bleus effrayés. La petite s'était cassé une dent en croquant une noix. Ma mère lui servit un verre d'eau, la cajola. Soulagée qu'elle ne me pose pas de questions sur *Satyricon*, je lui demandai de l'argent pour faire réparer mon Solex.

Sur le rebord de la fenêtre, les peaux de banane avaient pris l'humidité. J'eus beau les écraser avec une fourchette pour en faire du tabac, elles résistaient. Au lieu de réviser – j'étais sûre d'avoir mon BEPC haut la main –, je sortis mon éternel confident de sa cachette : « J'aurais dû prendre la défense de Patrice. La Honda est un cadeau de son père. Il est plus attaché à lui, plus fier de sa réussite qu'il n'y paraît. Comme beaucoup d'hommes qui travaillent d'arrache-pied, Gérard compense son absence par des cadeaux. Une moto à Noël, oui, mais pas de disques, pas de BD et pas de skis. Avec lui, on ne sait jamais sur quel pied danser. Pas étonnant que Patrice ait volé une paire de skis. La boîte de congelés par correspondance de son père marcherait bien. Il a du flair : un jour, on n'ira plus dans les magasins. Tout s'achètera sur des machines à calculer et à mémoriser dont papa a entendu parler aux États-Unis. Patrice mettra du temps à tourner la page. Si j'avais le droit de sortir, s'il n'était pas le fils de Gérard, il viendrait me chercher au lycée et je lui dirais qu'il est tout pour moi. J'irais bien au Secours rouge, mais je n'ai pas la moindre idée de l'endroit où se tiennent les réunions, et je ne vois pas comment infiltrer ce réseau. Il me faudrait une alliée. Sûrement pas Camille. Plutôt de droite, elle se fiche de la politique. Au fond, il valait mieux que Patrice ne vienne pas au cinéma. Elle ne saura rien. D'ailleurs, elle me déçoit : ensemble, nous ne parlons que de déodorants, de garçons, de vêtements. Pourtant, je ressens de plus en plus le besoin d'avoir des conversations profondes, d'être moins centrée sur moi. Pour aimer les autres, je dois me faire aimer d'eux, les considérer comme des égaux. Je suis née dans une famille aisée, d'autres n'ont pas eu la même chance. Pourquoi les méprise-t-on ? Tout n'est que désillusion, artifice et mensonge dans ce bas monde auquel je ne veux plus appartenir. Quand je pense que tant d'hommes étouffent leurs rêves, ne pensent qu'à gagner de l'argent et passent à côté de leur vie, cela me révolte. Il suffit de suivre ses désirs, sans désespérer, sans se blâmer, pour connaître son chemin. Lorsque l'on a une passion – la musique, un garçon, les roses ou les livres –, on est sauvé. Peut-être sera-t-on heureux au ciel ? Peut-être n'est-ce qu'un leurre ? Il est deux choses que l'on ne peut regarder en face, le soleil et la mort. Ma vie, je veux la construire ici et maintenant. Il me faudra trouver la potion magique qui m'aidera à ne pas abandonner. Je veux vivre, aimer, faire de la moto, nager comme une sirène en eaux profondes, déguster des pastèques roses, courir sur les dunes. La mort ne me fait pas peur. »

Avant le dîner, je fis un saut dans la salle de bain de mes parents pour emprunter une culotte à ma mère. Torse nu, mon père se rasait devant son miroir. Son dos était parsemé de grains de beauté, tel un archipel dans le Pacifique. De la mousse sur le nez, un filet de sang au menton, le torse duveté de poils blonds, il me scruta, voulut savoir si j'avais aimé *Airport*. Au Palace, j'avais pris le temps de regarder les photos du film : un avion, une tempête… Je brodai, m'emmêlai les pinceaux. Il posa son rasoir, s'avança vers moi, comme un gladiateur.

– Tu mens, Juliette. Tu sais que je ne supporte pas le mensonge. Vous êtes allés voir *Satyricon*. On me l'a rapporté. Tu y étais avec Patrice Lanterneau. Nous t'avions pourtant interdit de fréquenter ce garçon qui ne fiche rien ! Au moment où mon frère est en plein divorce !

– Il n'est pas resté avec nous ! Il n'a rien à voir avec le divorce de ses parents. Qu'est-ce que ça peut te faire ? J'ai le droit d'avoir des amis, merde !

– Ne me parle pas sur ce ton, cria mon père qui me gifla.

Je me réfugiai dans ma chambre, ouvris le robinet, fis couler de l'eau glacée sur ma joue bouillante, mis *Soul' 69* d'Aretha Franklin, me jetai sur mon journal : « Je vais fumer des pétards, me saouler, fuir avec Patrice sur sa Honda 125. Nous larguerons les amarres vers des terres chaudes où les vagues rouleront sur nos corps enlacés. »

Ma gorge s'enflammait, mon front me brûlait.

Le BEPC était mal parti. Je ne comprenais rien aux problèmes de maths, de conversion, d'ensembles. J'avais fait l'impasse sur la Russie. Il me fallait me rattraper à l'épreuve de gym. Dans la cour de récréation, en short et baskets, j'attendais mon tour avec Flo. Je venais de sauter sur la poutre du gymnase. Au lieu de me redresser, bras à la verticale, comme je l'avais souvent répété, j'étais tombée sur le côté, lamentablement. L'examinateur m'avait collé un 6 sur 20. Adrienne s'élança sur la corde raide, grimpa avec agilité, toucha le crochet du haut et se laissa glisser, une main en l'air, avant de saluer la compagnie en relevant sa crinière de panthère noire. À moi de jouer. Je m'agrippai à la corde, me calai, me hissai, rassemblai mes jambes, pris mon élan. Un coup d'œil vers le sommet. J'avais beau m'accrocher, me pousser du derrière, les forces me manquaient. Encore un effort, tu tiens le bon bout. À mi-chemin, mes genoux se mirent à flageoler. Prise de vertige, j'étais bloquée, la risée de la classe. Rien à faire, mes tremblements reprenaient de plus belle. Des ondes délicieuses montaient de mes mollets jusqu'à mon sexe, mon ventre, mes omoplates, des frissons me parcouraient, des vagues de plaisir me secouaient, me tétanisaient. Sensations tenaces, si surprenantes, si puissantes qu'elles me figeaient sur place. Je lâchais prise. J'allais mourir, je me fichais du BEPC, du lycée, du prof de gym, je voulais que ça dure le plus longtemps possible. Je ne savais pas ce qui m'arrivait, mais je savais que c'était bon, qu'il n'y avait rien de meilleur, rien de plus fort. Une pluie d'étoiles. L'examinateur m'ordonna de descendre. J'attendis de me calmer, me déroulai et me laissai tomber sur le tapis de mousse, toute molle et toute sonnée.

Une crampe aux mollets, j'eus du mal à traîner mon brave Solex sur la pente de la rue Élisabeth. La chaleur m'oppressait, des moucherons m'assaillaient. Le long de la grille de Céline Prunier, les roses embaumaient. Sur la terrasse envahie de glycine, lovée dans une chaise longue, elle se faisait dorer au soleil dans un bikini à pois verts dont elle avait enlevé le haut. Une vraie poupée, cette quadragénaire ! Des chevilles fines, un ventre plat, des épaules rondes et luisantes, enduites de monoï. J'ai pensé : elle ne doit pas être très heureuse avec son banquier de mari. Le couple n'était pas encore venu dîner, mais je croisais parfois Paul Prunier, le matin. Grand, sec, il avançait d'un pas saccadé vers sa R 5. Une poignée de cerises dans le creux de la main, je passai devant la porte du bureau de papa. Tourné vers la fenêtre, il semblait méditer. En regardant de plus près, je me rendis soudain compte qu'il avait vue sur la véranda de Céline qu'il contemplait, comme un enfant devant un baba au rhum.

Deux semaines plus tard, la veille des grandes vacances, Laosine me donna une lettre du lycée. Recalée au BEPC, rattrapage à la rentrée. Moi qui pensais que la réussite était acquise, je me sentis terriblement honteuse (la *hchouma*, en arabe). À force de papillonner, je m'étais dispersée. Pour plaire à mes amis, je m'étais perdue, sans me douter que certains bluffaient, travaillant en douce. Je m'accusais d'être superficielle, dilettante, tout ce que ma mère me reprochait. Il fallait que ça change. Heureusement, je passais en seconde, j'allais suivre des cours particuliers d'espagnol pour entrer en première au lycée Schweitzer. Sur mon lit, mes habits d'été, une pile de culottes, une autre de tee-shirts. Ne pas oublier un pull noir pour le soir, mon maillot de bain vichy, ma tunique pomme Granny et mon nouveau cahier jaune. Camille était du voyage. Oncle Daniel n'avait pas voulu que sa fille aille à Saint-Tropez en même temps que Gérard. Le divorce n'était pas encore prononcé, rien n'avait été officialisé. Ma mère se disait outrée que le couple illégitime ait osé s'afficher chez les Keller. Depuis que Blandine Keller avait commencé une psychanalyse, elle s'était désolidarisée de leur cercle d'amis et se rendait à Paris chaque semaine pour s'allonger sur le divan. Maman en faisait ses choux gras : quand on est marié à un psy, a-t-on idée de gaspiller de l'argent pour s'épancher chez un confrère ? Si ça se trouve, elle a un amant, ce qui expliquerait qu'elle protège Monique et Gérard. Pauvre Camille, j'espérais qu'elle n'en pâtirait pas. J'avais parié que durant l'été, ma mère en profiterait pour nous sermonner.

Au Maroc, nous retrouverions la villa de Mohammedia. Ma cousine chérie dormirait dans la chambre que je partageais avec Jean-Loup. Je me réjouissais de lui montrer la plage de l'hôtel Miramar, la piscine du casino, les souks des olives, des tanneurs, des bijoux, j'avais hâte de descendre le fleuve Mgoun, de pêcher des grenouilles, de les appâter avec un mouchoir rouge et de les manger en brochettes avec des testicules de mouton à la peau croustillante. Comme autrefois, devant la maison, gandoura noire, sabre à la ceinture, le gardien attendrait que mes parents soient sortis pour retrouver Zina, la fatma aux grands pieds peints de motifs au henné, dans l'une des chambrettes de la cour, près de la buanderie. De la cuisine où nous chipions des gâteaux secs, Jean-Loup et moi avions entendu des râles, des ahanements. Pour nous faire taire, Zina nous avait gavés de chocolat.

Je m'étais jurée de ne plus rester seule à La Mamounia, j'avais peur de revoir le maître-nageur.

Camille déposa sa grosse Samsonite, m'apprit que Patrice avait eu son bac. En juillet, il travaillerait au Globe, au rayon disques. Il avait suivi mes conseils, je m'en félicitais. Depuis sa dispute avec Marc devant le cinéma, il avait dû réviser, se lancer un défi, ne serait-ce que pour prouver à son père qu'il n'était pas un cancre. J'aurais aimé le surprendre au Globe, lui acheter *Let It Be* des Beatles ou *Bridge over Troubled Water* de Simon and Garfunkel. Trop tard, l'avion décollait à midi.

À la rentrée, il serait en fac de philo à Strasbourg. Lorsqu'il reviendrait le week-end chez sa mère, nous irions au zoo voir les otaries. Nous irions aussi à des concerts, à la fête de la bière. Il m'emmènerait au Secours rouge. Pas question que je ressemble à ces greluches et à ces minets crâneurs du Moll. Des amorphes, comme ces ventrus du Rebberg, ces hypocrites qui refilent leurs vieux vêtements au Secours catholique pour se donner bonne conscience.

Un soir, je monterai l'escalier en colimaçon qui mène à sa chambre. Sous sa peau de Grizzly, je serai nue. Et Camille, déjà loin.

8

COMME UN ACTEUR avant de faire sa révérence, le jardin s'était fardé de rouge. Devant la grille, maman grimpait dans sa 404 pour aller chez le coiffeur. Mes deux petits-suisses habituels engloutis, je montai dans ma chambre en traînant mon cartable. À l'intérieur, mon nouveau cahier de textes. En rose, sur la couverture : *2nde A*. Flo et Adrienne étaient dans ma classe. Flo avait perdu ses bonnes joues et troqué son béret de Guide et sa jupette marine contre un pantalon en treillis, une veste kaki. Depuis la rentrée, je l'accompagnais tous les soirs jusqu'à chez elle, à l'entrée du quartier de Riedisheim, tirant d'une main mon cher Solex. Mèches rebelles, regard durci, Flo avait quitté les Guides le jour où la cheftaine avait fustigé ses ongles sales. Sous son influence, elle venait de rencontrer un mao du Secours rouge. Entre ceux qui croient au ciel et ceux qui n'y croient pas, il n'y a qu'un pas. Elle avait fini par maudire cette société matérialiste, défendait la lutte des classes, la nécessité de s'unir, travailleurs de tous les pays, lycéens et étudiants, pour combattre le capitalisme. Ce soir-là, lorsqu'elle me taxa de riche fille à papa qui veut faire la charité, j'eus envie de lui rappeler que ses parents étaient des profs cathos aussi bourgeois que les miens. En traversant le pont, elle me jeta, cinglante : ton père fait partie de ces salauds de patrons qui confient le sale boulot aux travailleurs étrangers pour les traiter comme du bétail. Je me retins de la gifler, lui rétorquai que papa avait la même considération pour tous ses employés. Elle cracha sur le macadam. Au moment de nous séparer, elle m'annonça tout de go qu'elle avait participé la semaine dernière à une manif avec Patrice : ils avaient apporté leur soutien à un ouvrier licencié à la suite d'un accident de travail. Je fis mine de ne pas y attacher d'importance, brûlant d'aller à la prochaine réunion du Secours rouge. Devinant mes pensées, Flo m'avertit : elle déciderait quand l'heure serait venue. Il me faudrait lui prouver que j'étais une *vraie* révolutionnaire. Quelle prétentieuse ! Je n'avais pas besoin de son autorisation ni d'un laissez-passer. Mais je devrais choisir mon camp, quitte à considérer mon père comme un méchant capitaliste.

Dans la cuisine, Marthe et Violette se disputaient une tablette de chocolat. Marthe rembarra la petite et s'enfuit avec la tablette. Sacrée Chnioula. Au Maroc, elle était sujette à des crises d'asthme. De notre chambre, Jean-Loup et moi suivions du doigt la courbe de sa respiration haletante, sans nous douter qu'elle étouffait. Devant chaque miroir marocain de l'escalier, je m'amusais à faire des grimaces lorsque, d'un seul coup, j'éclatai en sanglots. À vrai dire, je ne savais pas pourquoi. Sans doute parce que Flo m'avait secouée, qu'elle vibrait avec Patrice pour une même cause. Quatre pages de mon cahier furent vite remplies d'encre violette : « Ce monde me dégoûte, tout comme cette religion faite de culpabilité, de souffrance. Dieu n'a pas voulu cela. Je me demande s'il n'a pas été inventé pour combler notre vide intérieur. S'il n'y a rien d'autre que l'homme à sauver, je me battrai pour un monde meilleur, suivrai l'exemple du Che, de Trotski ou de Gorki. Et même du Christ, ce hippie. C'est lui qui m'aidera à vaincre mes peurs, à aller vers la lumière, à me sentir moins seule. Mon Dieu, sortez-moi de ce trou noir, soyez indulgent. J'ai tendance à m'avachir, à tomber dans le piège de la publicité, de l'argent facile, de la mode. Il n'y a plus d'idéal dans ce pays pourri où tout incite à faire fructifier l'économie : l'industrie, la presse, les films porno. Je ne veux plus me taire. Quitte à mourir demain, je crie à qui veut l'entendre : vous faites fausse route, cette civilisation se meurt. »

Il était grand temps que j'attaque ma rédaction sur le mal du siècle selon *René* de Chateaubriand. L'inspiration ne manquait pas. Marthe frappa à la porte : Camille au téléphone. *J'adoooore* ma nouvelle vie parisienne, clama-t-elle d'une voix nasillarde. Aux Oiseaux, les filles portent un uniforme gris tourterelle ; aux soirées bridge du rallye, des jupes pigeonnantes. Au bal des débutantes, il y aura Caroline de Monaco… Au bout d'une demi-heure, je n'en pouvais plus de ses mondanités. Qu'elle cesse de faire l'intéressante et me parle plutôt de Patrice. Pauvre chéri ! Pour se payer une chambre de bonne, il travaillait à la chaîne chez Peugeot. Je n'avais jamais mis les pieds dans une usine et je craignais qu'à force de serrer des boulons, il ne devienne dingue, comme Chaplin dans *Les Temps modernes.* Pressée de partir à son cours de danse de salon, Camille me révéla que Gérard refusait de voir son fils depuis qu'il avait manifesté avec les Rouges. À la Toussaint, elle avait prévu de revenir à Mulhouse où oncle Daniel avait loué une maison près du zoo, le temps d'organiser sa succession à l'usine de Wesserling, mais cela ne l'enchantait guère.

Après le gigot d'agneau haricots verts, ma mère resta dans la cuisine pour récurer les casseroles. Tablier autour de la taille, elle frottait, grattait, essuyait. Je lui fis remarquer que Laosine pourrait finir la vaisselle demain matin. Elle décréta qu'elle ne sortirait pas d'ici tant que tout ne serait pas parfait – sa manière de me faire comprendre qu'elle respectait le personnel, elle ! À bon entendeur, salut ! Avec un brin de culpabilité, je rejoignis mon père. Derrière son bureau Empire, il fumait paisiblement la pipe. Dans l'odeur du tabac blond qui ravissait mes narines, je m'emportai avec fougue contre ce monde injuste : les trois quarts des richesses de la planète sont entre les mains d'une minorité. Ici on se gave, ailleurs on crève de faim. Ses yeux étaient pleins de soleil. Il aimait l'Afrique où il avait monté des comptoirs, me tendit *Jeune Afrique*, un journal qui croit en l'avenir du continent noir. Je voulais le pousser à bout, savoir ce qu'il faisait pour améliorer les conditions de travail des ouvriers. Il dirigeait l'une des plus grosses sociétés de Mulhouse, il se devait d'augmenter les salaires. Pas de raison que ceux qui se tuent à la tâche gagnent moins. Je connaissais ses points faibles. Au Mouvement chrétien des cadres, il avait animé une conférence sur les relations humaines dans l'entreprise. Pipe à la main, il m'expliqua que, sans les patrons, il n'y avait plus de travail, qu'il fallait proposer des réformes, sans affrontements. J'étais outrée : et l'ouvrier licencié ? Si personne n'avait manifesté, qui l'aurait défendu ? Papa s'assit à côté de moi dans le fauteuil à oreillettes, baissa la tête, sourit timidement, comme s'il m'approuvait, sans oser le reconnaître. D'un ton calme, il me mit en garde contre les syndicats, le risque de manipulation à des fins politiques. Flattée qu'il me prenne au sérieux, je ripostai :

– Une façon de noyer le poisson, de dénigrer le peuple. Les syndicats ont fait du bon boulot, mais sans la lutte des classes, on en serait encore à *Germinal*.

Ma mère traversa l'entrée d'un pas las, soupira et regagna lentement sa chambre. Je ne pus m'empêcher de critiquer sa maniaquerie. Mon père posa sa pipe. Perdu dans le velours des coussins, il m'avoua à mi-voix qu'il est difficile de rester fidèle à une femme et de résister à la tentation pendant les voyages d'affaires. Calée au fond du fauteuil, je n'en revenais pas qu'il me fasse de telles confidences. Qu'il soit sous le charme de la Prunier – si appétissante soit-elle dans son bikini à pois verts – passe encore, mais il y avait, à mon sens, une limite à ne pas franchir. Curieusement, j'étais touchée qu'il me livre ce qu'il cachait à maman. Une sorte de connivence nous liait et me faisait l'aimer encore plus. Il ouvrit un livre de théologie, me lut un passage de Hans Küng. Je n'y comprenais pas grand-chose mais sa voix caressante m'enveloppait comme les nuages bleutés qui s'échappaient de la cheminée. Lorsqu'il eut fini, il se frotta les yeux, tout triste : bonne-maman souffre depuis trois mois d'un cancer du foie, les médecins tentent de la sauver, espérons.

J'embrassai papa sur le front, l'abandonnai à regret. Il lirait Hans Küng, écouterait Schubert. Peut-être écrirait-il ses pensées du jour dans le cahier rouge sur lequel il avait noté : *Strictement personnel*.

Le lendemain, au moment où je buvais un bol de Ricorée, ma mère entra dans la cuisine, les yeux cernés, mine de pietà. Ma grand-mère venait de mourir.

Cette nuit-là, je rêvai d'elle. Je la retrouvais dans les allées de buis, le long des framboisiers et des groseilliers du potager. Un châle sur ses épaules, elle cueillait des pivoines. Au moment où je voulais lui offrir une poignée de fraises des bois, elle s'était éclipsée, oubliant les fleurs dans un panier d'osier. Mon oreiller était trempé. Demain, elle descendrait de sa deux-chevaux, le chignon de guingois, les bas filés, elle nous donnerait des Carambar et ce serait comme avant.

Je la revois dans sa robe vert galant, en tailleur sur la pelouse. À ses côtés, Camille et moi nous sentions un peu fautives d'avoir dormi dans le grenier. Elle nous racontait l'histoire de la fille de Graufel. Lors d'un bal populaire, la petite fermière avait fait la connaissance d'un jeune homme riche. Elle était tombée enceinte, il l'avait délaissée. Mise au ban des filles à marier d'Urmatt, elle n'avait plus le droit d'aller à la messe ni à confesse. Chapeau en paille d'Italie, chemisier gorge de pigeon, jupe en lainage, ma grand-mère trempe un gâteau blanc dans du thé de Chine fumé avec un nuage de lait. J'entends sa voix, si posée. À table, elle taquine bon-papa, le nez dans sa soupe aux choux : un peu de tenue, mon ami. Elle nous lisait *La Chèvre de monsieur Seguin, Les Malheurs de Sophie* ou la traversée de la mer Rouge par les Hébreux, ce passage de la Bible qui me faisait tant frémir. Dans l'église de Lutzelhouse, son missel à la main, elle salue de la tête Mme Schnitzer entourée de ses six garçons en loden verts.

Le ciel avait sucré les champs, les sapins et les toits. La micheline s'arrêta à la gare du Mullerhof. Papa m'attendait sur le quai, les yeux rouges. Nous descendîmes en silence vers la maison. Je traversai le hall sous l'escalier de marbre jusqu'au salon blanc. Les rideaux de dentelle avaient été tirés. À la lumière des cierges, le visage entouré de roses, vêtue de sa robe de chambre en velours grenat, bonne-maman souriait, de ce sourire de madone qui me rassurait lorsque mes cousins me taquinaient ou que je n'avais pas fini ma soupe au tapioca. Elle allait se lever, enfiler ses pantoufles, me prendre dans ses bras. Sa joue était froide, presque de glace. Sur son front, une petite ride, la signature de ses chagrins, qu'elle appelait ses « sacrifices ». Entre ses doigts, le chapelet de perles qu'elle égrenait en secret. Sur une console, son missel en cuir marron. Il est près de moi, plein d'images saintes et de cartes de décès bordées de liseré noir de ses chers disparus. Sur la page de garde, elle a écrit de sa belle écriture d'autrefois : *Aidez-moi, Seigneur, pour que ma propre agonie, si longue soit-elle, puisse être par votre bonté une montée vers vous.*

L'encens et les lys m'enivraient. Agenouillée sur un prie-Dieu, je joignis les mains.

Le lendemain matin, Camille se glissa dans la salle à manger. Elle venait d'arriver de Paris avec sa mère, ses frères et sœurs. Tandis que les adultes assistaient à la mise en bière dans le salon blanc, Antoinette nous servit du café au lait. La tête sur mon épaule, Camille sanglotait. Je lui caressai les cheveux, ne savais pas comment la consoler. Quelques instants plus tard, Charlotte fit son apparition. Vison ouvert sur une robe de taffetas vert, ma tante semblait se rendre à une soirée de gala. Elle allait épouser oncle Bernard, le mari de Julie, sa cousine. Julie s'était entichée de Maxime, un cousin à la mode de Bretagne. Tout s'arrange en famille. Devant la véranda, le corbillard s'apprêtait à rouler dans l'allée de la chapelle. Dans la longue procession silencieuse, entouré de ses frères et sœurs, d'oncle Daniel et de tante Monique, mon père marchait lentement, digne et calme, comme bonne-maman l'aurait souhaité. À ses côtés, ma mère évitait de croiser le regard de Monique. La brume, cette dame blanche des forêts vosgiennes, flottait sur le lac où canards et grenouilles s'étaient tus. Au bras de tante Crin, mon grand-père monta péniblement vers le parvis de la chapelle. L'autel avait été fleuri de roses rouges. Le curé d'Urmatt balança son encensoir devant les chaises de paille, là où Christian avait fait semblant de nous marier, Patrice et moi, il y avait un an, un siècle.

À l'entrée de la chapelle, lorsque les croque-morts ouvrirent le caveau pour y descendre bonne-maman et la coucher au-dessus de son frère, je défaillis. Elle ne pourrait plus s'en échapper pour cueillir des pivoines dans le bosquet. Elle aurait si froid au pays des stalactites. Une rose sur le cercueil, je me signai. Adieu, bonne-maman, je vous aimais, donnez-moi la force de vous ressembler.

En rentrant chez nous, Camille pleurait tellement que je devinai qu'elle souffrait aussi de la séparation de ses parents, bien qu'elle ne me l'ait jamais dit. Un buffet était dressé : de la charcuterie, des pâtés, des fromages. Grands et petits se gavaient, plaisantaient. Aspro tenait la garde, griffant ceux qui tentaient de l'ôter du fauteuil de bonne-maman. Le café fut servi devant la cheminée, là où ma grand-mère avait demandé à Patrice s'il jouait au tennis. À l'écurie, les chevaux paissaient du foin. T'en-Fais-Pas était mort de vieillesse. Je caressai la crinière grise de Rumba. Graufel rangea du bois dans le hallier et nous confia un panier d'œufs frais pour Antoinette. L'échelle du grenier reposait à l'entrée de l'étable où la fille de Graufel trayait la Roussette. D'un sourire édenté, elle me tendit un verre de lait chaud qui me donna envie de vomir.

Un samedi après-midi, Flo m'attendait à 15 heures devant le Palace pour aller voir *Élise ou la vraie vie*, un film de Michel Drach. La roue de mon Solex écrasait les feuilles qui parsemaient la rue Élisabeth. Deux pigeons roucoulaient sur un toit. Munie de cisailles, Céline Prunier taillait au cordeau la haie de son jardin. Je faisais mine de ne pas l'avoir vue lorsqu'elle m'appela de sa voix de fillette, m'obligeant à lui faire la causette. Ta sœur a commencé à prendre des cours de danse ? Elle a déjà sauté deux classes, une future étoile. Tes parents ont-ils l'intention d'aller aux champignons avec les copains ? Mon père a beaucoup de soucis, vous savez, les affaires… Sourire d'apparat, la Prunier me tendit une mirabelle. Goûte, elle est de mon jardin. Venez donc pique-niquer chez nous dimanche.

J'en parlerai à maman.

Sur les marches du Palace, cigarette au bec, Flo tapait du pied. J'ai cinq minutes de retard, et alors ? Une révolutionnaire doit-elle toujours être ponctuelle ? Flo écrasa sa roulée, fouilla dans les poches de sa besace des surplus de l'armée américaine, me demanda de lui payer son ticket d'entrée. Quand on croit au Grand Soir, il faut savoir partager. Pas plus d'une dizaine de personnes dans la salle. Le public préférait voir *Hibernatus* avec de Funès, plutôt que Marie-José Nat dans le rôle d'une Bordelaise rêvant de *La Vraie Vie*. L'histoire m'a passionnée. La provinciale monte à Paris, trouve du travail dans une usine, y rencontre Arezki, un Algérien dont elle s'éprend. En pleine guerre d'Algérie, dans un climat de tension, Élise lutte contre le racisme, la répression, défend son fiancé, finit par le perdre et revenir à Bordeaux.

À la sortie, Flo tira de sa sacoche un sachet de tabac à rouler. Je lui proposai un verre au Moll. Elle se braqua : pas question de se mêler aux blancs-becs de ce troquet, il faut se mobiliser. Mes belles idées ne serviraient à rien si je ne changeais pas *radicalement* mon mode de vie. Au Café du départ, à la gare, je lui payai une cannette de bière ; elle acheta *La Cause du peuple*. À la Une, les grèves des Nouvelles Galeries à Lyon, les revendications des OS à Flins, les tribunaux populaires à Lens. Autant de signes avant-coureurs de la révolution imminente. Il s'agit de dépasser les organisations ouvrières qualifiées de révisionnistes pour construire un parti communiste ouvrier à partir de la lutte spontanée du peuple, débita-t-elle, comme on récite une leçon. Je ne m'étais donc pas trompée lorsque je disais à papa que le peuple est roi, qu'il faut s'allier. Ouvriers, paysans, étudiants, même combat. En levant mon verre de Schweppes à la santé des travailleurs de tous les pays, j'étais prête à me priver de dessert et à donner mon argent de poche au Secours rouge. Flo éclata de rire, pliée en deux : tu as l'air de ces dames du Sacré-Cœur qui organisent des kermesses, avec tartes faites maison et bric-à-brac pourri. Stoïque, j'avalai ma salive, décidée à lui prouver qu'elle avait tort. À l'entrée de Riedisheim, Flo s'engouffra dans son immeuble style années 1960. Je m'en retournai pleine de bonnes résolutions au Rebberg, ce bastion de nantis.

Quelques lignes avant le dîner, avec l'impression d'être dans un confessionnal : « Il faut que j'aie le courage d'abandonner mes préjugés, de combattre ma passivité, ma lâcheté, ma gourmandise, de me libérer de ce corps lourd et exigeant qui me trahit, de supprimer ma chair. Avec de la volonté, je pourrais dompter mes besoins de nourriture et de sommeil, rompre avec mon milieu, mais aussi avec les lois, les idées qu'on me fourre dans le crâne pour m'élever au-dessus de la masse, ne plus tomber dans le piège de la société de consommation, "ce dieu repu et accroupi auquel dix mille affamés donnaient leur chair sans le connaître", comme l'écrit Zola dans *Germinal.* Je suis avec Étienne, au fond de la mine, parmi les gueules noires, les damnés de la terre. Face aux soldats et au maître des forges, nous brandissons des fourches : c'est la lutte finale ! Ce soir, je ne mangerai que des courgettes à l'eau. »

9

Ma mère froissait du papier rocher pour lui donner la forme d'une crèche. Elle plaça un à un des santons sur un lit de paille, disposa des branches de sapin, des angelots, l'âne et le bœuf, cacha les rois mages et le petit Jésus derrière un vase. J'en avais assez de cette comédie de dame patronnesse, me disais : elle n'a jamais travaillé, elle peut se le permettre, alors que Patrice trime à la chaîne pour étudier Nietzsche, Kant et Heidegger. Il a choisi la vraie vie, lui !

Ce jour-là, mon journal s'enflamme : « Je veux vivre dans une chambre de bonne, sans chauffage, sans eau, sans électricité, comme Raskolnikov. Sous la lune, éclairée à la bougie, je m'emmitouflerai dans une couverture et j'écrirai des poèmes pleins de cours d'eau, de forêts, de champs de blé et de rires d'enfants. Rimbaud, Verlaine et Baudelaire sur ma table de nuit, je partagerai mon quignon de pain avec la vieille d'en face. Au fond du couloir, une longue silhouette flotte dans une pelisse. Émacié, teint de plâtre, un recueil de Gorki sous le bras, Patrice s'avance, un doigt sur la bouche. La police à ses trousses, il se réfugie dans ma chambre. Ses lèvres bleues tremblent. Il me confie une lettre, me supplie de la brûler si d'aventure quelqu'un frappait à ma porte. A-t-il fait un casse, donné le magot aux résistants chiliens, fait dérailler un train, enlevé un de ces bien-pensants qui prient contre la faim dans le monde et refilent des piécettes aux pauvres à la sortie de l'église, avant de se délecter de choucroute bien arrosée ? À la belle étoile, nous nous aimons, jusqu'à ne croire qu'en notre ciel. »

Dans l'armoire de la salle de bain, j'attrapai mon maxi manteau, ma robe bleue de chez Plumo, une autre couleur chocolat en velours brillant, mon chemisier au col de dentelle, mon kilt, mon bermuda et envoyai le tout valser sur la pelouse où Laosine retirait les mauvaises herbes. Mes nouveaux habits m'attendaient : une veste des GI du Vietnam bariolée de slogans *Peace and Love* dénichée dans une friperie, un jean rapiécé, un tee-shirt tigré et une casquette Mao à étoile rouge. Terminée, la paresse. J'allais travailler d'arrache-pied, étudier Rousseau, Balzac, Goethe, Lénine, me plonger dans les livres, apprendre les langues, la politique, les religions, la philo, l'histoire, de la Révolution à Chaban-Delmas – ce bonimenteur qui vendait sa « nouvelle société » comme un marchand de rêves.

Fière de ma tenue, j'avais rendez-vous avec Camille et Marc devant le Moll. Loden, bottes de cuir et chapeau rond, à califourchon sur la mobylette de Marc, Camille me toisa avec l'air de celle qui ne côtoie plus que des noms à particules et des diplômés de Sciences Po. Veste en tweed et Lacoste, Marc tentait d'être à la hauteur. Sans doute envisagerait-elle de se marier avec lui. Pour l'heure, le blondinet lui servait plutôt d'amuse-bouche, de portier, de livreur, de taxi ou de porte-monnaie. Elle se pinça le nez.

– Quelle dégaine, Juliette ! Tu portes des nippes de clochard pour jouer les rebelles, maintenant ? Ridicule ! Que dirait bonne-maman ? Tu ne devrais pas avoir honte de ton milieu, tu n'es pas la fille de la bouchère ou de la cuisinière, que je sache.

Pas le temps de palabrer, je brûlais d'envie de savoir si Patrice viendrait. En principe, oui, dit-elle. Dès qu'elle entra dans le bistrot, toutes les têtes se tournèrent vers elle. Chapeau bas. Ses mèches corbeau inondaient ses épaules. Sous son loden, un short taupe assorti à des bas qui gainaient ses longues jambes. Sifflets et rugissements. D'une table à l'autre, elle envoyait des baisers à la volée, frôlait un crâne, une épaule, lapait une joue, mordillait une oreille, jappait. Lorsqu'elle glissa une cigarette mentholée entre ses lèvres, dix briquets s'allumèrent. Devant son mojito, Marc faisait le coq.

Je sortis du Moll pour guetter Patrick. Le ciel était bas et moite. L'attente n'était pas encore une source d'angoisse – cette angoisse qui grandit avec l'âge. Pourtant, lorsque je réalisai que je n'avais pas revu Patrice depuis le mois de juillet, j'eus le pressentiment qu'il était devenu un autre, un étranger. Bien sûr, j'aurais pu m'intéresser à Denis, le frère d'Élise qui rougissait chaque fois qu'il me croisait place de la Réunion ; à son grand frère, François, même allure de Viking ; à Jean-Marie, vaillant militant politique. Le souvenir de Patrice à la gare du Mullerhof, son bon sourire, son parfum, étaient bien peu de choses, des comètes qui traversent la nuit. Mais au moment où mon regard flottait vers le rond-point, l'image du pantalon rouge ressurgit, vieux rêve d'amour fixé dans ma mémoire. Tandis que je le guettais sur le trottoir jonché de chaises rouillées, abandonnées au vent et à la pluie, cette vision acquit plus de force, me tenailla. Résignée, je poussai la porte vitrée du Moll, lorsqu'une main se posa sur ma nuque. Il était là, ses yeux sapin plantés dans les miens, les joues rosées par le froid. Blouson noir, cheveux longs, il souleva ma casquette mao, m'embrassa sur le museau. Il étudiait Foucault, Sartre et Derrida. À part Sartre, je n'en connaissais aucun, mais il parlait de ces philosophes avec tant d'ardeur que je les prenais pour des génies. Il était venu passer le week-end à Mulhouse pour faire de la propagande, me lut un papier qu'il tira de sa poche : Alain Geismar a été condamné à dix-huit mois de prison avec vingt-neuf gauchistes pour avoir voulu reconstituer son mouvement, La Gauche prolétarienne, rassemblement d'intellectuels et d'ouvriers. Camarade, tu es des nôtres. Rien n'arrêtera la révolution en marche, trompeta-t-il en distribuant des tracts à une dame aussi rousse que son roquet.

Camille fondit sur lui, lui reprocha de la snober, de ne pas être venu à l'anniversaire de sa mère. Il bâilla, refusa de la suivre dans ce bistrot de parasites. J'eus une idée : rendez-vous à la maison, les parents sont partis skier au Markstein. En deux minutes, un attroupement se forma devant le café. Tous chez les Monin !

Branle-bas de combat. Le salon fut pris d'assaut. À la cave, parmi les vins de papa, j'optai pour trois bouteilles de saint-émilion, deux de nuits-saint-georges et quatre de gewurztraminer. Un saut dans ma chambre pour attraper une pile de disques et je retrouvai mes copains. Déchaînées, Adrienne, Élise et Camille soulevaient leurs longues jupes à fleurettes en faisant claquer leurs sabots. Marc, Damien et Jackie se prélassaient sur le canapé. Ses Kickers délavées sur le bureau de mon père, Patrice bourra sa pipe de shit, avala une gorgée de vin, ouvrit *Les Bas-fonds* de Gorki, m'en lut un passage avec l'air pénétré des lettrés, pour qui l'art est le seul réconfort : *Avoir du talent, c'est avoir foi en soi-même, en ses propres forces.* Sur l'escalier de la bibliothèque, j'aurais pu l'écouter des heures si Marc n'avait pas monté le son. Camille se rua vers Patrice, se laissa tomber sur ses genoux, le bombarda de questions : as-tu un frigidaire, une télé à Strasbourg ? Où fais-tu tes courses ? Où laves-tu ton linge ? On était loin de la poésie, pourtant, la bienveillance, l'attention que ma cousine portait à ces détails semblaient le toucher. Lorsqu'elle lui proposa du jambon à l'os et du vin, il ronronna, un toutou devant sa pâtée. Il est donc plus sensible aux contingences matérielles qu'il ne le prétend, me dis-je en me promettant de veiller sur lui.

Camille gambada vers Marc, claqua des doigts sur *Bridge over Troubled Water.* Patrice ouvrit un tiroir, fouilla dans les papiers de mon père. Les coudes sur le bureau, je veillais au grain : il avait volé une paire de skis, il était bien capable de dérober le stylo Parker de papa. Un crayon derrière l'oreille, comme le charcutier du Globe, il s'empara d'un cigare, imita mon père : la bourse a chuté, c'est le moment d'acheter. Devant ses pitreries, j'étais sûre que papa rirait de bon cœur, qu'il s'entendrait bien avec lui. Lassé de jouer au PDG, il entoura mon épaule d'un geste protecteur et m'invita à danser sur *Come Together.* Les mains sur mes reins, il susurrait : *be free, my love.* Je ne voyais que lui, j'étais enfin à ma place, jouissant de sentir le regard des autres posé sur nous. Camille et Marc bêtifiaient, Damien mimait les Shadoks. Quelque chose leur échappait, les dépassait, quelque chose qui ressemblerait à de l'amour, ou du moins, à l'image que je m'en faisais, une scène de *Angélique marquise des anges* ou de *La Sirène du Mississipi*. La tête au creux du cou de Patrice, reprenant *Come Together*, je voulais que la chanson des Beatles ne s'arrête jamais, persuadée qu'il me porterait sur le velours du pouf et s'allongerait, *right now, over me.*

Imperturbable, Laosine nous servit un plat de saucisson et des chips. Damien écrasa une cigarette sur le tapis, Marc renversa un verre de rouge. Élise et Adrienne s'enlacèrent sur *Je t'aime moi non plus*. L'Alsacienne empoigna le sein de l'Italienne qu'elle malaxa comme de la pâte à pain. Leurs jambes s'entrechoquaient, leurs hanches suivaient le rythme de la mélodie, leurs chevelures se mêlaient, mèches noires et boucles blondes. Leurs langues se cherchaient, se trouvèrent. Damien et Marc se frottèrent à elles. Camille et moi, affalées sur des cousins de chaque côté de Patrice : un trio que je voulais immortaliser par une photo que j'aurais collée sur mon journal, à côté de celle de Julien Clerc, le jour d'un concert de *Hair*, entouré de Vanina et d'une rousse, un collier de marguerites autour du cou. Patrice vanta les bienfaits de l'union libre. Camille ironisa : mieux vaut un mariage arrangé, on y gagne en sécurité. Ma Camille, elle était toujours la même, si spontanée. Paris ne lui avait pas fait perdre le nord. Comment aurais-je pu me passer d'elle ? Elle érotisait la vie. Sans elle, je me serais fanée, desséchée.

La cloche du Sacré-Cœur sonna sept fois. Le signal du départ. Au fond d'un fauteuil, Marc et Camille s'embrassaient langoureusement. Damien termina la bouteille de nuits-saint-georges au goulot, lorsque mon père entra, suivi par maman, fuseau et pull marron. Après avoir ramassé leurs vestes empilées dans un coin, la troupe leva le camp. Patrice croisa papa. Dans ma candeur, j'espérais que mon père lui serrerait la main sur le perron. Il ne bougea pas. La petite bande dégringola en ribambelle la rue Élisabeth, chantant à tue-tête *Brown Sugar*. Derrière la grille de son jardinet, Céline battait des mains. Sur le seuil de la maison, telle la statue du Commandeur, mon père tempêta.

– Tu aurais pu nous prévenir ! Ce n'est pas un bordel ici. Tu as fait venir n'importe qui. Interdiction de sortie jusqu'à Noël.

Je me ruai dans ma chambre, des sanglots plein la gorge, sous le regard de Jean-Loup. Qu'ils aillent au diable, ces oiseaux de malheur ! Pour une fois que j'invite des amis. À quoi sert cette grande bicoque si on ne peut pas en profiter ?

Après le dîner, je me résolus à affronter les parents. Mes frères et sœurs regardaient *L'Enfant sauvage* à la télé, ma mère s'affairait à la cuisine. Dans son bureau, le front plissé, corona au bec, mon père me jaugea derrière ses lunettes d'écaille. Je m'attendais à un laïus : Laosine et ma mère avaient dû passer un temps fou à ranger, la moquette était trouée, son cendrier en argent avait disparu… Ce qui irritait le plus mon père était le culot de Patrice. Comment ce gauchiste, quasi délinquant, le fils de celui qui avait trahi oncle Daniel, avait-il eu l'audace de s'introduire chez nous ? Je m'insurgeai : Patrice n'est pas un voyou. De quel droit le condamnes-tu ? Pourquoi devrais-je me soumettre ? Le patriarcat, c'est fini. Mes copains font partie de ma vie. J'ai eu 10 en maths (pas la peine de préciser que Flo m'avait soufflé les réponses). Visiblement tiraillé entre la colère et la lassitude, mon père rassembla ses stylos.

– Tu sais qu'il existe une nouvelle loi en France : l'autorité parentale. Tu n'as que quinze ans. Tu as sans doute progressé, mais tu n'es pas assez solide. Nous voulons te préserver des risques de dérive. Ton goût pour les sorties et les garçons pourrait devenir un vice quand tu seras plus vieille.

– Je ne veux pas être vieille. Tu essaies de me faire rentrer dans le rang, c'est ça ? Si je ne me révolte pas maintenant, ce ne sera pas plus tard, quand je serai flanquée d'une armée de marmots. Je n'ai pas envie de baisser les bras par crainte d'être punie, sous prétexte que je trouble l'ordre public. Pas envie d'être hypocrite et lâche.

– Obéir à ses parents, observer les règles élémentaires de respect et de bienséance n'est pas une faiblesse. La société tient par des lois. Nous n'avons pas le choix, il faut jouer le jeu. Cela ne nous empêche pas de rester droits dans nos bottes.

Il se leva, les yeux embués.

– Ma petite fille, tu es ma préférée.

– Tu m'autoriseras à revoir mes amis ?

– On verra avec ta mère. En attendant, ça me ferait très plaisir de continuer à discuter avec toi.

Comment le lui refuser ? J'avais pris goût à nos conversations du soir et je me disais que je n'admirerais jamais personne plus que lui. Évidemment, je me gardais de lui faire part de l'invitation de la Prunier. Peut-être parce que j'étais un peu jalouse. Depuis longtemps, mon père me chérissait. Et cette certitude, ce bonheur de me savoir belle et intelligente à ses yeux, m'avaient préservée de la mélancolie qui me gagnait parfois.

Des cris de femelle en chaleur me réveillèrent. Je me précipitai à la fenêtre. Sur le grand sapin, un matou noir poursuivait une petite chatte blanche affolée. Elle bondit de branche en branche vers la cime. Le gros minet la rattrapa, lui mordit la queue. Sur une branche, l'écureuil offusqué assistait impuissant au drame. Des corbeaux croassaient autour de la cime. Le soleil frissonna. La chatte se sauva vers le sommet de l'arbre et se réfugia, transie de peur, près d'un nid de pinsons. Tapi derrière un bouquet d'épines, le matou la guettait, prêt à se jeter sur sa proie, à la posséder. Au bout d'une demi-heure, il abandonna la partie et redescendit prudemment en s'agrippant à l'écorce. L'écureuil riait. La petite chatte remua ses pattes engourdies, se hasarda vers le tronc, dérapa et tomba comme une pomme de pin sur la pelouse enneigée. Assommée, elle finit par se redresser et s'enfuit vers la rue, vers sa tanière.

Ma mère resta ferme. C'était un dimanche et je comptais les jours sur mon calendrier de l'Avent. Trois semaines sous cloche avant de partir pour Wengen, la station suisse où mes parents avaient loué un appartement. Trois semaines sans revoir Patrice. Flo restait butée, estimant que je n'étais pas encore dans le droit chemin. Sur mon bureau, un paquet de Choco BN. Je léchai la couche de pâte au chocolat avant de dévorer le biscuit. Cinq minutes plus tard, je me méprisais et écrivais avec fureur : « Tu n'es qu'une chiffe molle, Juliette, incapable de contrôler tes pulsions. À quoi bon tes belles idées, ta quête de pureté, de justice, si tu ne te prives de rien, si tu n'as pas la force de t'imposer dans un monde d'opulence et d'autosatisfaction ? Il faudrait un régime communiste dictatorial pour que tout le monde épouse la même cause. Cela suffira-t-il ? Je crains que chacun ne retrouve ses bas instincts, ses vices. S'il ne reste qu'une poignée de victorieux, je serai de ceux-là. Que d'orgueil ! De quel droit puis-je me proclamer gauchiste puisque je mange comme dix et qu'une famille d'Hindous pourrait loger dans cette chambre capitonnée de velours rose ? Puisse la souffrance m'aider à haïr la médiocrité, avant le magistral plongeon. »

Au-dessus de mon coffret d'ébène, le regard enfiévré, casquette, barbe drue, boucles rebelles, le Che scrutait la pampa où galopaient des troupeaux de *corraleros* chiliens montés par des guerriers en poncho et sombrero.

Après la fête des Rois, un vendredi, jour où l'on servait du poulet-frites à la cantine, Flo s'attabla à mes côtés. Ses cheveux gras trempaient dans la sauce tomate. Elle s'étouffa avec un petit os, toussota, s'essuya la bouche d'un revers de manche et me glissa à l'oreille un secret « de la plus haute importance » : quatre ouvriers de Peugeot ont été licenciés pour avoir saccagé des conduites de gaz. Ils seront jugés tout à l'heure. Patrice t'attendra devant le lycée. J'eus du mal à cacher ma joie. Flo avait tout organisé, sa manière de me dire que j'étais enfin prête pour le Secours rouge. Elle avait un cours d'allemand à 17 heures. Nous nous retrouverions après l'audience, rue des Magasins. J'essayai d'en savoir plus. Rien à faire. Je mordis dans le blanc de ma volaille, me jetai sur une compote de pommes et m'acheminai vers le labo de sciences naturelles. Si mes souvenirs sont bons, nous devions observer notre sang au microscope. Une plaque de verre sous les yeux, je me piquai le pouce avec une aiguille brûlée, calai une goutte sous la loupe. Mille cellules claires se cherchaient, se perdaient. Avant de recommencer l'expérience, je renouai mes lacets. Sur le carrelage, une tache rouge. Un filet de sang coulait le long de mes cuisses. Encore aujourd'hui, je me rappelle ma honte, ce sentiment trouble et sournois qui me submerge. Ça avait commencé à la maternelle supérieure à Sainte-Ursule, le jour où j'avais uriné entre les bancs, avant que la maîtresse ne m'envoie au coin. Ses mains embaumaient l'orange.

Pendant le cours de maths, je gravai sur mon bureau le nom de Patrice avec un canif. Je nous imaginais au tribunal, tels Bonnie and Clyde ou Sacco et Vanzetti – les anarchistes italiens à qui Joan Baez dédiera *Here's to You* –, me faisais tout un cinéma : là-bas, on me reconnaîtrait, moi la fille du patron. Je serais fichée, bâillonnée, on me plaindrait, on me blâmerait. Je n'aurais pas peur : Patrice et moi serions unis par des menottes, jetés dans la même cellule avec pour seule pitance du pain sec et un verre de rouge. La nuit, lorsque les gardiens seraient couchés et que les rats sortiraient des égouts, il me réchaufferait sur la paillasse et nous dormirions comme des rois.

17 heures. Il était devant la grille du lycée, grave et pâle, la bouche dissimulée par une écharpe noire. Je sautai au-dessus d'une flaque, me jetai à son cou, ouvris mon parapluie. Il le referma avec autorité. Me cachait-il un drame, le suicide d'un ouvrier ? Dans l'allée Nathan Katz, du nom d'un poète juif alsacien, nous longeâmes le canal que sillonnaient des péniches chargées de bois, de pneus et de tonneaux. Mes Clarks en daim pataugeaient dans l'eau grise. Ma gabardine, achetée en Angleterre pendant un séjour linguistique au collège de Deal, était trempée. Le visage lavé de pluie, Patrice affrontait les éléments, comme Étienne dans *Germinal*, sillonnant la campagne pour soulever les mineurs. Il me parlait du *Capital* qu'il lisait le soir dans sa chambre à Strasbourg ; des cours en amphithéâtre où il avait

l'impression de perdre son temps ; de sa mère, Maïa, à qui il rendait visite en fin de semaine, pour lui apporter son soutien. Et je me disais qu'il était un bon fils.

Devant le tribunal des prud'hommes, bâtiment sinistre, style soviétique, une foule s'était rassemblée. Étudiants débraillés et travailleurs endimanchés brandissaient des pancartes en scandant : « Tous avec les ouvriers ! » Des policiers gardaient l'entrée. À l'écart, Patrice discutait avec un rouquin barbu qui me fit penser à Cohn-Bendit. Je l'avais vu dans un reportage sur Mai 68 défilant à Paris aux côtés de Alain Geismar et de Jacques Sauvageot. Était-il le chef du Secours rouge ? J'aurais voulu que Patrice me le présente. Il n'en fit rien, revint vers moi : ce n'est pas gagné, les patrons durcissent leur position.

Les branches d'un marronnier craquaient au-dessus de nos têtes. À 18 heures, les policiers s'écartèrent, laissant passer une poignée de manifestants. Patrice m'entraîna vers un hall bondé. Chambre 12, des jeunes applaudirent à l'arrivée des accusés, escortés par des gardiens : un Arabe d'une vingtaine d'années, un vieux routard et un rougeaud qui devait picoler sec. Au fond de la salle, la main de Patrice dans la mienne, j'avais l'impression d'assister à l'histoire en marche. Les juges firent leur entrée, ballet de corbeaux noirs. L'un d'eux lut les motifs de l'accusation : les ouvriers auraient volontairement détruit des conduites de gaz avec des barres de fer lorsqu'ils se trouvaient seuls dans la salle des machines. Le procureur demanda deux ans de prison ferme. L'avocat de la défense, jeune commis, boule à zéro, bafouilla : mensonges, les conduites étaient défectueuses, quelqu'un les a sabotées avant de désigner des coupables. Une manipulation. Il brandit un document, preuves et photos à l'appui. Un syndicaliste fut appelé à la barre. Il parlait fort, avec un accent guttural alsacien. On n'y comprenait rien mais Patrice applaudit. Quand vint le tour des ouvriers licenciés, le juge les interrogea : identité, fonction, horaires. Le blondinet tenta de se justifier. Le juge l'interrompit net : taisez-vous. La parole était au patron. Grand sec, Louis Geger, le directeur de Peugeot-Mulhouse, dénonça le saccage du matériel à des fins politiques. Selon lui, les syndicats étaient de mèche, une provocation pour susciter un mouvement de grève générale, créer la chienlit. Le juge ajourna la séance. Patrice rongeait son frein : il faut les faire plier, on ira jusqu'au bout.

Le long du canal où barbotaient des canards, le trottoir mouillé brillait d'une laque d'or. Lorsqu'il m'embrassa près d'un banc où une vieille dame jetait des miettes de pain aux pigeons, j'eus la sensation réjouissante et douloureuse de vivre un de ces instants qui, plus tard, m'apparaîtrait comme un éblouissement.

Devant le lycée, à cheval sur sa Honda 125, Patrice me donna rendez-vous au Secours rouge. Mon Solex chéri m'attendait, pressé de me conduire vers mon destin. Au 11, rue des Magasins, une porte en bois à la peinture vert d'eau écaillée s'ouvrait sur une salle enfumée. Je tentai de me frayer un passage à travers une marée de lycéens où se perdaient quelques bleus de travail. Un gros joufflu me jeta un regard haineux. Me prenait-il pour une espionne ? Ma manie du resquillage risquait de me perdre. Chez les camarades, on attend son tour. Au centre de la pièce, Patrice dépassait d'une tête les membres du comité, en demi-cercle autour d'une table. Georges Schneider, le chef de bande, le rouquin à la Cohn-Bendit du tribunal, fixa l'ordre du jour : l'affaire Peugeot, celle de Mouloudji, la loi anticasseurs, le Larzac, la politisation de la fête du Travail. Les étudiants s'échauffaient. D'une voix de ténor, Georges imposa le silence et proposa une manifestation le jour du jugement. Mobilisation, solidarité ! reprit l'assemblée. Un vote à main levée fut décidé. La manif, acceptée à l'unanimité. Tous entonnèrent *L'Internationale*. Patrice vint à ma rencontre et se dirigea vers le Pic-Vit. Le troquet ne tarda pas à se remplir. Il claqua des doigts : deux diabolos menthe. Près d'un four en faïence, il parlait à voix basse, comme s'il complotait, me promit de me confier une mission dans un coin tranquille. J'imaginais qu'il allait m'emmener dans le parc du Tivoli, près de la statue du Schweissdissi, pour me demander en mariage, cherchais déjà des esquives. Agacé par le brouhaha, il jeta 1,85 franc dans une coupelle, me laissa passer par le portillon du bistrot et s'engagea dans une ruelle éclairée par des réverbères. Des flocons voltigeaient dans la nuit. Sous un porche, il ouvrit sa sacoche, en tira un paquet enveloppé dans du papier journal. Une boule d'encens ? Un réveil ? Non, une grenade, me prévint-il en m'interdisant d'y toucher. Je la fourrai avec précaution dans ma besace, crus entendre des cliquetis. Le compte à rebours avait commencé. Patrice se mit à rire : il ne se déclenche que si on dégoupille la grenade, ma puce. Il faudra la cacher en lieu sûr, la rapporter dans huit jours.

Que fomentait-il ? Un attentat ? Un kidnapping ? Allait-il la balancer sur la Société industrielle où siégeaient papa et les patrons ? J'étais fière, me disais : s'il se fie à moi, c'est qu'il me considère comme sa complice, presque sa femme.

Mon Solex décadenassé, il me fit jurer de garder le silence, de prendre soin de moi, et me proposa de le retrouver à l'appartement de sa mère, rue Lavoisier, le samedi suivant à 16 heures. Mon baluchon sur le ventre, je roulais à la vitesse d'une tortue, contournant prudemment les plaques de glace. À peine arrivée, je cachai l'engin explosif au fond du tiroir de mon bureau, sous un exemplaire de *Mademoiselle âge tendre*, un paquet de Choco BN et des cartes postales.

Le lendemain, après les cours, je ne résistai pas à l'envie de déballer le paquet. Plus légère que je ne croyais, la grenade tenait dans le creux de ma main. Quelqu'un toqua. La bombe m'échappa des mains. J'allais faire sauter la maison !

10

Ce fameux samedi, la grenade dans ma musette, je me garai rue Lavoisier devant l'immeuble où vivait Maïa. Toute la semaine, je m'étais demandé pourquoi Patrice avait tenu à m'inviter chez lui. Un endroit discret, mais aussi une manière de me faire découvrir son univers, de me présenter à sa mère. Une porte vitrée, des boîtes aux lettres, deux noms accolés : Maïa et Gérard Lanterneau, 4e droite. La mère de Patrice n'avait pas changé l'étiquette. J'en conclus qu'elle avait du mal à accepter le divorce, la voyais plus douce que Monique, trop gentille, moins affriolante, moins ambitieuse.

Dans la lumière du néon de l'ascenseur, mes joues paraissaient plus creuses, mes traits tirés, mes lèvres gercées. Des charentaises aux pieds, Patrice m'embrassa d'une langue de chat. Le parquet reluisait : j'essuyai mes boots méticuleusement. Sur une commode couverte d'un napperon en dentelle, des photos de lui à l'âge où il portait encore des culottes courtes ; de sa sœur, Lise ; de ses parents, le jour de leur mariage. Fauteuils en Skaï, miroir kitsch, reproduction d'un Renoir, abat-jour bleuâtre orné de pendentifs… Je me disais que ses parents avaient dû choisir avec soin ces bibelots un peu clinquants.

Patrice me conduisit vers sa chambre en précisant que sa mère venait de partir à un cours de tango. Touchée qu'il ait prévu ce moment pour nous deux, j'imaginais Maïa emportée par son partenaire, tête renversée. Cette femme était bien plus originale que je ne le pensais. Un bureau près de la fenêtre, des posters des Beatles, de Jacques Dutronc, des photos de voiliers sur lesquels Patrice avait navigué. La mer lui manquait. Dieu seul sait combien son père rouspétait en bateau quand il était petit : choque le foc, vire à bâbord, moussaillon. Il n'y allait pas de main morte, le capitaine Gégé. Malgré tout, il avait fini par transmettre sa passion à son fils. L'été, Patrice naviguait sur un monocoque en solitaire vers Ouessant, vers Molène, mais depuis deux ans, ses parents ne louaient plus de maison en Bretagne. Il ouvrit un album dans lequel il avait collé une coupure de presse : sur une photo, il recevait des mains d'une blonde coiffée à la Stone la coupe des gagnants de la régate junior de Bénodet. Allait-il me faire basculer sur son lit ? La grenade, il me la faut, ordonna-t-il. Étonnée par ce changement d'humeur, j'obéis. Il rangea le paquet entre ses piles de tee-shirts et de Levi's 501, me serra dans ses bras.

– Merci ma beauté. Maintenant, tu dois partir. Tu sais, ma mère s'est sentie humiliée par les amis qui ont colporté des ragots et dit du mal de mon père. Rassure-toi, je ne lui ai pas parlé de toi.

Mon regard se perdit vers le lit où gisait un ours en peluche miteux. C'était la première fois qu'il évoquait ce qui nous séparait et je lui étais reconnaissante de l'avoir fait avec tant de tact, déçue tout de même de quitter cet appartement que je commençais à aimer, de ne pas le caresser pendant des heures en écoutant les Bee Gees, Simon and Garfunkel. Jusqu'alors, je n'avais pas pensé que Maïa ait pu souffrir d'avoir été mise au ban par les censeurs du Rebberg, par mes parents. Ce qui me chagrinait le plus, c'était que Patrice ne lui avait rien dit de notre relation. Aurait-il le courage de braver les obstacles, de m'aimer envers et contre tout ? Serions-nous condamnés à nous cacher ?

Avant de sortir de sa chambre, il me tendit un carnet de moleskine noir. Ses poèmes, ils étaient pour moi. Dans ses pupilles, des poissons d'or.

Soudain, un bruit de clef. Une brune en salopette, caban sous le bras, entra. Aussi blanc que sa chemise, Patrice marmonna : Juliette, une amie. Maïa sembla surprise, s'excusa de rentrer plus tôt : le cours avait été annulé. Elle enleva ses ballerines, enfila des pantoufles rouges et me proposa de prendre un verre. Je prétextai un cours d'espagnol. L'air chafouin, elle insista. Va pour un jus de tomate. Tandis que je patientais sur le canapé, mains sur les cuisses, dos droit, Patrice agitait une baguette chinoise. Quelques instants plus tard, sa mère revenait avec un plateau chargé d'amandes grillées, de bretzels, de cornichons. Je ne savais plus comment me tirer d'affaire : elle en faisait trop, je me sentais obligée de goûter à tout. Les jambes sur les accoudoirs d'un fauteuil en rotin, Patrice lançait des cacahouètes dans sa bouche. Maïa me demanda dans quel lycée j'étais inscrite. Craignant qu'elle ne cherchât à en savoir plus, je devisai, parlai de mes cours particuliers d'espagnol et d'un poème de García Lorca que j'avais appris par cœur. Elle alluma une Vogue menthol, posa la main sur mon genou.

– C'est curieux, vous avez un air de famille avec Camille Monin.

Patrice se mordit les lèvres.

– C'est ma cousine avouai-je, pour dire la vérité comme Patrice me l'avait appris.

Maïa écrasa sa cigarette, avala une gorgée de silvaner. Son visage s'éteignit. Elle porta ses mains à son front, comme *Le Penseur* de Rodin que j'avais admiré avec maman à Paris. En la voyant ainsi prostrée, je pensai au temps où Camille était encore une enfant, au temps où les Monin et les Lanterneau se recevaient, ici ou à Wesserling. Entre amis, la vie de couple devient moins fastidieuse. À table, lorsque Monique riait bêtement aux blagues de Gérard, Maïa devait se rassurer en se disant que ce jeu distrayait son mari. Maman m'avait raconté que le jour où ils étaient montés sur l'Arpège flambant neuf, Monique avait complimenté Gérard, en oubliant Maïa. Elle s'était vexée : ils l'avaient choisi ensemble. En croisière, Monique bronzait sur le pont, seins nus, pendant que son amie nettoyait les mulets. Gérard barrait le voilier, enfin calme et joyeux. Maïa s'en félicitait. L'été suivant, après un séjour chez ses parents en Auvergne avec Patrice et Lise, elle découvrit dans la poche du blouson de son mari un billet de train pour Saint-Tropez, exigea des explications. Gérard éluda. Elle ferma les yeux jusqu'au jour où il décida de rompre. Quand les couples ne se parlent plus, c'est la fin, pensait maman. Non-dits, rancœurs et aigreurs s'accumulent.

Maïa croqua une noix de cajou, s'avança vers moi et me serra la main avec fermeté.

– Ma petite Juliette, trancha-t-elle, je ne souhaite pas que vous fréquentiez mon fils. Je n'ai rien contre vous, mais j'ai besoin de me protéger. Il y a eu trop de dégâts.

Je ne sais pas pourquoi, j'eus alors le sentiment étrange qu'une complicité pourrait naître entre nous, que si je devenais sa belle-fille, nous pourrions compter l'une sur l'autre pour rendre son fils heureux. Ennuyée de partir si tôt, je frottai mes boots sur le paillasson pour ne pas salir l'escalier. Patrice lanternait sur le seuil. Maïa ouvrit son porte-monnaie, lui donna un billet de dix francs en lui recommandant de ne pas abuser de la boisson. J'ignorais s'il lui avait réclamé de l'argent ou si c'était elle qui en avait pris l'initiative, mais je devinai qu'elle lui passait tout pour lui faire oublier la violence de son père. À sa façon, elle le gardait sous sa coupe. Ce lien m'était familier, moi qui étais encore si malléable, si désireuse de satisfaire mes parents. Nous étions soumis aux mêmes pressions. Ils faisaient tout pour nous éloigner l'un de l'autre et je craignais qu'ils ne parviennent à leurs fins.

Dans la rue, Patrice cheminait en silence vers le Pic-Vit. M'en voulait-il d'avoir révélé qui j'étais ? Depuis nos retrouvailles, il semblait plus renfermé. Sans doute l'influence de sa mère, pensai-je en m'accrochant à son bras. Je voulais qu'il sache que je l'aimais tel qu'il était, au-delà des humiliations, des interdictions.

Au Pic-Vit, autour d'un guéridon, un garçon coiffé comme un hérisson, binocles et visage rond, savourait une blonde bien mousseuse. Patrice commanda un Fernet-Branca, me présenta Jérémie Lévy, son vieux copain du lycée. Jérémie posa sa chope, s'anima. Il revenait d'un kibboutz, raconta la vie en communauté, la solidarité, défendit Israël, sa foi de Juif libéral. Dans un halo de fumée, Patrice faisait de grands moulinets avec ses bras : toutes les religions se valent, de vastes escroqueries. Fier d'être athée tendance anar, il fustigea les croyances, ces idéologies dénoncées par Nietzsche, qui ne servaient qu'à rassurer l'homme face à l'angoisse de la mort. La vie ne serait qu'un passage semé de plaisirs : douceur de la crinière d'un cheval, saveur d'un cigare, d'un bon cru, sensation de planer dans la poudreuse. Cette tirade lyrique me laissa rêveuse. Un rayon perçait la vitre sale.

– Pourquoi serions-nous différents des animaux ? enchaîna-t-il. Nous sommes constitués de molécules sans lesquelles nous ne pouvons survivre. Tout est terrestre, matériel. Si nous étions immortels, la science l'aurait démontré. Ceux de l'au-delà nous feraient signe. Nous venons du néant, nous y retournons. Seule la liberté permet de lutter contre la puissance du mal et la tentation du vide.

Des ombres passaient dans ses yeux, comme si les diables qui l'assaillaient avaient le dernier mot. Je bus une gorgée de Coca, décidée à défendre ce à quoi je croyais, malgré tout.

– Nous ne sommes pas des animaux. D'où vient notre conscience, si ce n'est d'une puissance divine ? Dieu n'a rien d'une image : il est en nous, il est cet appel du plus profond de notre être, ce désir de beauté et d'amour auquel nous sommes libres de répondre ou pas.

Dans mon élan mystique, je cherchai sur le visage de Patrice un signe d'approbation. Il trempa ses lèvres dans son Fernet-Branca.

– Exister, c'est s'engager, dit Sartre. L'acte gratuit donne un sens à la vie. On peut mourir pour une cause, surtout si elle enfreint la loi. La révolution permettra à chacun de choisir sa destinée et bannira les requins qui ont licencié quatre ouvriers pour des broutilles.

Dans sa voix, les sabots des chevaux dans les forêts de bouleaux de la taïga. Je ne savais pas comment lui dire que je voulais dormir avec lui et jouir des délices de sa peau.

Minuit. Devant le bistrot, Patrice posa un baiser sur mon front, l'effleura doucement du doigt, comme ma mère quand elle y traçait une petite croix : ne t'inquiète pas, nous sommes plus forts qu'eux. Nous nous reverrons bientôt, je t'aime. Son sourire, plein de promesses, fut pour moi la plus belle des bénédictions.

Je suis revenue au Mullerhof le week-end des Rameaux. Tout ici me rappelait ma grand-mère. Son parfum *Vétiver* embaumait encore dans le salon où elle prenait le thé et dégustait des sablés. Son sourire flottait sur la terrasse où elle nous regardait jouer au tennis et partir vers les bois. Le gong du déjeuner ne sonnait plus. J'allais avoir seize ans et j'avais besoin de voir clair, de savoir ce que je voulais, qui j'étais. Dans la chambre verte où Camille et moi avions dormi, j'ouvris le recueil de poèmes de Patrice. Le dernier datait d'il y a huit jours, la veille de ma visite chez lui. Je le lus à voix haute tant il me réjouissait et m'attristait à la fois.

Jamais assez de pain
ni d'algues pour couvrir
l'isthme des cours qui changent
Prends le début
d'un roulement de tambour
le bain d'un orchestre
sur un film tchèque
les trompettes de la plaine
ses soldats aux lèvres rouges
le drapeau vivant et
laisse-lui le temps de finir :
un enfant s'est sauvé
au bout du champ de maïs.

Pour gambader dans la campagne, j'avais enfilé la parka de golf de bon-papa qui puait la viande faisandée. En relatant cette promenade, je devais être sacrément illuminée. Le récit que je fis de ma virée peut paraître un peu ridicule, voire prétentieux. Mieux vaut en rire ! « Sur la passerelle qui enjambait la Bruche, j'allais d'un pas dansant vers les champs tapissés de clochettes, de digitales et de coquelicots. Les vers de Rimbaud plein la tête, je courais vers le soleil, lui parlant comme à un ami à qui l'on supplie de rester souper, de vous réchauffer encore un peu avant que ne viennent la nuit et ses longues palmes froides. Lorsqu'il disparut derrière la colline, je me suis allongée sur l'herbe mouillée et j'ai fondu en larmes. Alors, je suis devenue folle, j'ai arraché de la mousse, de la terre, jeté des cailloux, écrasé des limaces. J'ai cavalé, animal enragé, vers les sapins noirs, enlacé un tronc, cassé du bois vert, dévalé vers la Bruche. Pour me purifier, j'ai baigné mon visage d'eau glacée, aspergé mon cou, mes yeux, ma gorge. J'étais Nathanaël, je riais, jouissais à foison des nourritures terrestres. À 20 heures, quand je suis rentrée, crottée comme un barbet – bon-papa est à cheval sur les horaires –, Antoinette avait préparé une soupe au tapioca. Dans la nuit, j'ai lu *Qui est Dieu* de Jean-Claude Barreau, cherchant des réponses à ma quête d'absolu : L'homme est un animal appelé à devenir Dieu. Une pensée profonde que je répéterai à Patrice. Certains traversent la vie comme des somnambules, des morts vivants mangés par la vermine de la bêtise. Seul l'Esprit et la création nous libèrent, nous sauvent des ténèbres. La politique, les idéologies et le sexe nous serrent le cou. L'art est l'arc-en-ciel des enfers. Point de rêves sans Turner, Monet et Manet. J'ai terriblement sommeil. »

Sur le ciel d'une marelle dessinée à la craie dans la cour de récréation, je sautais à pieds joints lorsque Flo m'attira vers le préau : le Secours rouge organisait une manif samedi place de l'Europe. Le mot d'ordre était lancé. On se retrouverait à la sortie du lycée. En cours de géo, je me répétais le mot « manif » comme un talisman. Manif, je vais à une manif avec des Rouges, des jusqu'au-boutistes, des combattants de l'ombre, des fils de Rousseau, de Robespierre et de René. Avec Patrice, nous marcherons en rangs serrés, tels les bolcheviks en 1917, face aux armées blanches dans les steppes de Russie ; les chevaux du tsar tomberont, la neige sera rouge.

Pendant le cours de dessin, j'esquissai un chat à cinq pattes amoureux d'une cigale. La prof le jeta au panier. Devant le lycée, Flo s'impatientait. Dans son tee-shirt blanc extralarge sur une jupe en sac à patates, elle aurait fait fuir Oignon. Au fond de son cartable, un paquet de tracts. Place de la Réunion, je n'étais pas rassurée, mais j'ai obéi, brave petit soldat. Un groupe de touristes allemands suivait un guide, drapeau au vent, et s'arrêta devant le temple Saint-Étienne près de la statue du hallebardier. En face de la maison Mieg, des lycéens buvaient de la bière sur des bancs. Je leur distribuai des tracts, leur expliquai que nous étions solidaires des travailleurs. Une fille à nattes se balançait sur une jambe : *weich*, la politique, c'est pour les intellos. Flo déambulait dans les dédales des rues Mercière, de la Lanterne et Henriette. À l'entrée d'une boulangerie dont la vitrine débordait d'œufs de Pâques, de lièvres et de poissons en chocolat enrubannés, un vieux monsieur maugréait. De son temps, c'était la guerre, l'Alsace était occupée. Ces grèves, ces revendications de bourgeois, du « petit-lait de gosses pourris ». La vendeuse, un mètre cinquante sur ses talons de sept centimètres, m'interpella : *yo,* mademoiselle, vous bloquez le passage, allez faire votre marché plus loin. Par chance, je n'avais croisé ni Jacqueline Zimmer, ni les Knibili, ni les Vinckler. Ils faisaient leurs courses le matin, il y avait moins de monde.

Mes parents partis au Markstein avec les Keller et Sandra Meyer, la prof de yoga, je parcourus *L'Alsace*. À la Une, on annonçait des manifestations à l'occasion du dénouement du procès opposant Peugeot aux quatre ouvriers licenciés. *Il risque d'y avoir des casseurs.* Frissons d'excitation : demain, les noms des chefs de bande seront publiés, je serai sur la photo, ça leur fera les pieds à ces censeurs du Rebberg ! Comment s'habiller pour avoir l'air d'une pure ? Mon éternel jean, ma veste de GI. Ne pas oublier mon keffieh à damier noir et blanc, des Kleenex. J'ouvris le frigidaire, terminai les restes du dîner : des œufs de lump, du tarama et des blinis. Je prenais des forces. Un tour dans le jardin, un roulé-boulé avec Oignon et fonce, Alphonse.

La rue du Sauvage interdite aux voitures, j'attachai mon Solex à un poteau en face d'une pharmacie dans l'espoir qu'on ne me le vandalise pas. Place de l'Europe, les sols en mosaïques de couleur et les plaques de marbre où figurent les blasons des villes européennes étaient piétinés par des bataillons de policiers, bottés, armés, casqués, bardés de boucliers. Impossible de me procurer une cannette de Coca à Inno. Aux alentours, des milliers d'étudiants et d'ouvriers formaient çà et là des petits groupes, en attendant le départ du cortège. À la recherche de Patrice, je m'éloignai de l'avenue du Président Kennedy : des cars de CRS bloquaient les grandes artères du quartier. Nous étions encerclés, nous allions être broyés, ils allaient charger, ce serait un massacre. En *sit-in*, des jeunes sortaient de leur gibecière des sandwichs, grattaient leur guitare. Des ouvriers plaisantaient. On chantait *La Marseillaise.* De partout, on bramait, on carcaillait, on rugissait, on cacardait, on aboyait, on croassait : il est interdit d'interdire, l'imagination au pouvoir. J'étais des leurs, une prolétaire de tous les pays.

Sur un poteau, Patrice brandissait un drapeau rouge. Chemise ouverte, bandeau sur le front, il avait l'air d'un corsaire au sommet d'un mât. Il mugissait : tous ensemble, tous ! Un coup de sifflet et il sauta à terre, m'embrassa sur les deux joues, m'entraîna vers la rue Robert Schuman. En tête du cortège, Georges Schneider, bras dessus bras dessous avec des lycéens et une poignée de syndicalistes, parmi lesquels je reconnus le moustachu CGT du tribunal. Patrice parvint à se frayer un chemin jusqu'aux premiers rangs, scandant avec les autres : « À bas la répression policière ! Oppression ! »

Devant nous, un mur de CRS. Mon keffieh sur la bouche, je me préparais à la castagne. Caparaçonnés dans leurs armures, les CRS s'avançaient en ligne. Georges et ses camardes affrontaient l'ennemi, prêts à mourir pour Mao. Derrière eux, je m'agrippais à la manche de Patrice. Bruits de bottes. Entre les deux camps, plus que quelques mètres. Une fusée jaillit. Des bombes lacrymogènes pétaradaient. Les salauds, on n'y voyait rien. Mes yeux larmoyaient, je me pelotonnais contre le mohair de Patrice. Des cris fusaient. Deux CRS bastonnaient Marc et Damien. Parmi la foule massée sur le trottoir, certains sifflaient, d'autres applaudissaient. Dans la panique générale, les policiers encerclèrent les lycéens à l'avant du cortège. Patrice allait-il dégoupiller la grenade ? Bousculée par les CRS qui matraquaient à tour de bras, j'avais perdu sa main. Un malabar me saisit par le collet, m'obligea à monter dans un panier à salade. À l'intérieur, on se tassait, on bourdonnait. Coincée entre deux géants, j'étouffais. Derrière un gaillard à la chevelure flamboyante, la frimousse de Flo, un œil au beurre noir. 17 h 30. Mes parents allaient rentrer de leur balade. À travers la fenêtre grillagée, j'aperçus Georges tonnant dans un porte-voix : le jugement des prud'hommes condamne Peugeot à payer des indemnités aux licenciés. Continuons le combat !

– Rejoignez-nous, les flics ! bêla Flo.

La fourgonnette s'ébranla. Prise de panique, je délirais : la grenade va exploser, Patrice va mourir. Fume-t-il un dernier pétard avant l'acte gratuit, l'ultime baroud d'honneur à cette société pourrie ? Et où nous emmènent-ils ?

La camionnette freina d'un coup sec devant un commissariat, quelque part près du canal. Encadrés de trois policiers, nous nous dirigeâmes vers une salle d'attente où des agents vérifièrent nos cartes d'identité avant de nous convoquer, un par un. Les lâches, ils n'avaient arrêté que des jeunes, les ouvriers étaient épargnés. Dis-cri-mi-nation, couinait Flo, menottes aux poignets. Sur un banc, la tête entre les genoux, à côté d'une fille à couettes qui pleurnichait dans son mouchoir et d'un lycéen maigrichon, je me demandais combien de temps j'allais croupir ici, sans boire ni manger. J'eus tout de même la permission d'aller aux toilettes. À droite, puis à gauche au fond du couloir, baragouina un gardien. J'en profitai pour me glisser dans un bureau. Sur la table, un téléphone. Vite, je composai le numéro de la maison.

– Papa, viens me chercher. J'ai été coffrée.

Une demi-heure plus tard, yeux cernés, veste en lin chiffonnée, mon père débarqua au commissariat. Il parlementa un instant avec un policier qui me donna l'ordre de quitter les lieux : allez, on vous relâche, mademoiselle Monin, ne recommencez plus ou ça va barder. Dans la lumière d'un lampadaire où une mouche était prise au piège, papa faisait les cent pas, mains sur les hanches. Il claqua la porte de la DS et zou, retour à la maison. Rue de Metz, près du lycée Montaigne, il accéléra, doubla un camion, haussa le ton :

– Crétin des Alpes ! Je me serais bien passé d'aller te chercher, Juliette. Quelle pagaille ! Quelle idée de te fourrer dans ce guet-apens ! Tu t'es fait manipuler, berner. Tu es d'une naïveté ! Le Secours rouge est aux ordres de la CGT. Derrière ce mouvement fourre-tout de gogos, pseudo-maoïstes-trotskistes-léninistes, se cachent de grands manitous qui vous manipulent. Ils cherchent à provoquer la répression policière, à créer le chaos, pour mieux régner.

Les réflexions de mon père me laissaient pantoise. Ce n'était pas le moment d'attiser le feu, mais je le soupçonnais d'user d'arguments fallacieux pour me retourner comme une crêpe. Les senteurs du soir des jardins du Rebberg libérèrent mes narines irritées par le gaz lacrymogène. Dans la cuisine, une odeur de paella me mit l'eau à la bouche. Je dépiautai une crevette, grappillai un peu de seiche par-ci, des moules par-là, avant de me rendre dans le bureau où mon père m'avait convoquée. Sous l'abat-jour vert bouteille, il allumait un havane. Un vaisseau rouge avait éclaté sur son nez, ses favoris grisonnaient. Je me souviens que lorsqu'il plissait le front, je craignais que ses rides ne se creusent davantage, qu'il devienne comme les vieux marins, le visage tout parcheminé. Après un silence, il ajusta ses lunettes.

– C'est de ton âge de défendre la justice, mais tu ferais mieux de t'engager dans des associations caritatives. La politique, ce n'est pas pour les jeunes filles.

– Tu n'essaierais pas de m'enfumer ?

– Petite impertinente, j'ai l'impression d'entendre ta mère.

– Ma mère n'a pas toujours tort. Il pue, ton cigare.

– C'est ta révolution qui ne sent pas très bon.

Remontée comme le coucou du Mullerhof, je l'aurais mitraillé. Même perdu d'avance, notre combat me paraissait plus sincère que celui mené par les politiques. Je lui tins tête : faudra-t-il que j'aie les cheveux blancs pour hisser le drapeau ? Nous, les jeunes, nous nous opposons à votre société de fric, d'ordre et de morale débile. Vous aurez beau nous réprimer, nous résisterons, nous bâtirons un monde où le partage et le courage triompheront. Les bourgeois du Rebberg sauront qu'ils n'ont pas affaire à des ventres mous. Le visage de mon père s'effaçait peu à peu derrière la fumée d'un cigare abandonné dans un cendrier. Il s'était endormi.

Une tisane et je m'en retournai dans mon fief. Dans la cage d'escalier, le papier peint exotique, perroquets, fleurs des îles et palmiers sauvages, me donna la nausée : trop de luxe, de couleurs criardes. Je ne me sentais plus chez moi. Au premier, la chambre de ma mère était éclairée. D'une voix d'outre-tombe, elle m'appela. Dans son lit surmonté d'un ange en bois doré, elle tricotait une brassière.

– Tu m'as fait peur, Juliette. Nous sommes très contrariés, ton père et moi. Quelle idée de te mêler à ces imbéciles heureux et de défendre des ouvriers qui ont sabordé du matériel ! Ces râleurs et ces fainéants feraient mieux de travailler pour améliorer l'économie du pays. Pourquoi leur fais-tu confiance ? Tu es une fille sensée, non ? Qu'est-ce que tu as dans la tête ?

Derrière ses lunettes, son regard myope vira à l'orage. Elle dénoua une pelote bleue, en tira un fil. J'avais envie de la traiter d'hypocrite : elle aurait dû être sensible à la cause des ouvriers, à celle de l'Arabe injustement accusé, elle qui accueillait des immigrés à longueur de journée. J'y renonçai : elle était si fatiguée. Afin de lui prouver que j'étais de bonne foi, j'insistai tout de même sur l'union entre lycéens, ouvriers et immigrés. D'un geste de la main, elle me fit comprendre qu'il ne fallait pas réveiller mes frères et sœurs.

– Ce n'est pas en critiquant tout qu'on fait avancer les choses. Tu devrais te rendre utile, t'occuper des enfants du foyer ou donner des cours d'alphabétisation.

Comme d'habitude, j'allai vers elle. J'enroulai une boucle de ses cheveux permanentés autour de mon doigt, caressai ses joues.

– Je t'aime, ma mamouchka. Ne t'inquiète pas : ça m'intéresserait d'apprendre le français aux familles dont tu t'occupes. Heureusement que tu es là. Ce que tu me dis me fait réfléchir.

Ma mère bâilla longuement, laissant apparaître des couronnes argentées, sa manière de se dégager de mes effusions. Son tricot et ses lunettes sur la table de nuit, elle défit le nœud du ruban satiné de sa liseuse, s'adossa à un oreiller et m'encouragea à aller à la JEC, ce mouvement de la jeunesse chrétienne qui se réunissait le samedi soir dans un local avenue du Président Kennedy, sous la houlette d'un jésuite soi-disant sympathique et intelligent dont elle avait entendu parler au MCC. Loïc, le fils des Bauer, en faisait partie, un des meilleurs élèves du lycée Schweitzer, en prépa aux grandes écoles à Strasbourg. D'après elle, j'y rencontrerais des jeunes de valeur, ouverts, positifs, pas comme ces gauchistes minables et ce Patrice Lanterneau qui avait mal tourné. Ses mains mouchetées se crispaient sur les draps.

– C'est lui qui t'a entraînée dans cette manifestation contre ton père qui se tue à la tâche. Nous t'avions pourtant prévenue. Tu as voulu t'opposer à nous, n'est-ce pas ? J'en suis malade. Nous avons traversé suffisamment d'épreuves. Bonne-maman a terriblement souffert du divorce d'oncle Daniel et de tante Monique. Elle en est morte de chagrin.

Dans l'escalier, l'ombre de mon profil grandit, une sorcière qui me poursuivait, toutes griffes dehors.

11

Un hanneton se cogna contre le plafond. Des insectes virevoltaient sous l'abat-jour. J'ouvris la cage de La Bourgeoisie. Installé sur un tas de graines, le hamster ruminait, peu pressé de profiter de sa liberté. Des brins de muguet penchaient la tête dans un vase en opaline bleu. Je pris la plume : un mois que je n'avais pas revu Patrice. Depuis la manif, je n'avais pas osé aller chez sa mère ni au Moll, encore moins au Secours rouge.

Pardonne-moi mon amour si j'ai été si absente ces derniers temps. Je me suis cloîtrée. J'ai beaucoup réfléchi. Tu m'as appris à dire non au mal qui nous entoure, non à l'argent, non à la facilité, à cette vie qui me rebute, à cette course au bien-être, à cette illusion de bonheur où les hommes adorent le veau d'or et se goinfrent comme des cochons de lait. Ces pauvres bougres ne voient pas qu'on les trompe, que jamais ils ne seront satisfaits dans ce meilleur des mondes. Il y aura toujours des malheureux et des pauvres, des jeunes écœurés par ce pays où le profit, la concurrence, les marchés et la publicité sont rois. Au chaud dans leurs tanières, ils nous feront chanter, nous traiteront de lâches quand nous les menacerons de partir vers des pays où il fait bon vivre. Dieu seul sait si notre fuite les arrangerait. Qu'ils ne se leurrent pas : nous resterons, nous lutterons jusqu'au bout, nous jouerons de la guitare, nous ferons l'amour. « Pas de politique pour les jeunes filles ? » Je leur ris au nez. Je suis encore avec toi, face aux CRS. Je trouble leur bel ordre, je piétine leur magot, leurs oripeaux. Ils ont beau gonfler le torse, je les ai débusqués : la façade s'effrite, les murs suintent. Ce sont des faibles, des peureux, des incapables. Le gouvernement ne sait comment répondre à la jeunesse désœuvrée, à la morosité du pays. Les parents n'ont plus d'autorité, le désordre règne dans les lycées et les usines. Il est temps de les secouer, de les détrôner. Nous devons clamer haut et fort qu'ils vivent comme des rats d'égout, qu'ils étouffent ce qu'il y a de plus beau en nous : la joie.

La nuit dernière, j'ai rêvé que j'étais sur la falaise de Mohammedia. Fouettée par les embruns, je me cachais dans une grotte face aux déferlantes qui s'abattaient sur un navire de guerre échoué dans une crique. Des marins tentaient de se sauver, la mer les jetait sur les rochers. Des naufrageurs se ruaient sur le pactole.

Sans toi, je vais finir par m'étioler, à n'aimer que mon père. Quoi qu'il arrive, je veux rester moi-même. J'ai choisi la vie difficile, la corde raide, celle qu'Ésope appelle la voie caillouteuse. Je m'impose de la discipline, me lève tôt, mange sobrement, des légumes bouillis ou des fruits secs. Il m'arrive de jeûner, de n'avoir plus rien à donner que mes pleurs. Je veux partager ce qui me tient le plus à cœur, mes habits de minette, ma montre d'argent, les louis d'or que bon-papa m'offre chaque année. Moi aussi, je suis contre la propriété privée. Dieu m'aidera, j'ai confiance. Plus j'avance sur ce chemin aride, plus je m'approche de lui. Je n'ai que seize ans, et je ne veux pas me dire plus tard : qu'ai-je fait de ma jeunesse ? Pourquoi les hommes sont-ils si divisés, si durs, si avides de pouvoir ? Oh ! Utopie d'un monde où l'argent n'existerait plus, où l'inégalité serait abolie.

Le soir, lorsque tout est calme, je pense à toi, à ta belle énergie, à ton courage. Ta voix coule dans mes veines, emplit ma chambre, comme l'orgue de la chapelle où nous avons joué à nous marier. J'entends son écho dans la vallée d'Imlil parmi les chants des petites Berbères et la fumée du camoum qui monte des maisons de terre cuite. Perchée sur un mulet, j'avance vers le Toubkal qui se dégage des brumes du matin. Il est mon rocher, mon guide. Comme toi.

Pardon de t'écrire si tard, pardon pour ceux qui t'ont fait du mal.

La lettre pliée, je la glissai dans mon cahier, jetai les muguets à la poubelle.

Près du zoo, un petit garçon me salua du haut de la statue du lion de pierre. Au loin, on entendait les cris des otaries et les rugissements des tigres du Bengale. Venue chasser le cochon, Camille m'avait invitée chez son père. J'avais hâte de lui annoncer que je passais en première au lycée Schweitzer. Si mes notes étaient satisfaisantes, j'entrerais en terminale au lycée de Neuilly où maman avait fait sa scolarité. Un bel esprit, des filles brillantes, de bonne famille, me répétait-elle. De grandes duduches, friquées, mal baisées, piaillait Flo. Derrière la haie qui cachait une maison en crépi où il louait un appartement au rez-de-chaussée, oncle Daniel passait la tondeuse en chemise à carreaux et pantalon clair.

L'herbe était chaude. Il me tendit les bras. Je me frottai à sa barbiche. Ses cheveux avaient blanchi, il avait maigri. Camille se balançait dans un hamac, une capucine à la bouche. Elle lisait

Guerre et Paix, que j'avais dévoré pendant ma période russe. Lorsqu'elle danse au bras du prince André, Natacha me faisait penser à ma cousine, aussi vive et inattendue. D'une main molle, Camille releva une mèche de cheveux « à la Parisienne ». Elle avait pris l'accent du 16e arrondissement, prolongeait chaque exclamation d'un soupir qui n'en finissait pas de mourir. Se vanta d'avoir un nouveau petit ami, un certain Pierre-Alexandre de machin truc chouette dont j'oubliai aussitôt le nom à rallonge. Un château en Sologne, des armes, un blason : elle était lancée. Pendue à une branche du pommier, je me moquai de sa future bague au doigt, de ce mariage en grande pompe dont elle rêvait, avec voile de tulle de sept mètres, enfants d'honneur en Liberty, bouquet de magnolias et *tutti quanti*. Elle fit tournoyer sa jupe corolle, coquelicot d'un jour. En jean et tee-shirt bariolé, je me sentais mal fagotée, la cousine de province qui restera sur le carreau. Camille avait vu Johnny Hallyday et Sylvie Vartan chez Castel. Nicolas Hulot l'avait draguée. Au rallye Diamant, elle s'était fait des amis charmants, enfants de dirigeants, de ministres, descendants de familles illustres qui vivent dans de grands appartements où l'on sert à table en gants blancs. Inscrits au Polo ou au Racing, l'été, ils montent à cheval, et l'hiver ils descendent les pistes de Méribel ou de Courchevel. Ils chassent en Sologne ou en Bourgogne, parfois même en Pologne. On ne dit pas « château » dans ce monde-là, mais « maison », « propriété ». On ne dit pas : « on mange à midi », mais « le déjeuner est servi ». Dans ces soirées, les mères pointent les noms des invités, évincent ceux qui ne portent pas de cravate. Camille avait pris des cours de valse – le rock étant autorisé avec modération. Rue de Passy, où tante Monique avait déniché un nid d'amour, elle s'était acheté une pochette en strass et un bibi fleuri pour le mariage de Marie-Victoire, sa meilleure amie. Camille en avait plein la bouche de cette greluche et de l'hôtel particulier avenue Foch où on tenait salon tous les jeudis, comme du temps des précieuses. Elle avait a-do-ré *Domicile conjugal* et *L'Ours et la Poupée* qui passeraient ici avec six mois de retard. Et toi ? me lança-t-elle en gambadant parmi les pâquerettes. Rien de croustillant. Elle m'aurait ri au nez si je lui avais parlé de la manif, de mes soirées passées à écrire des poèmes. Si mon père va bien ? Bien sûr. Camille fila chercher des jus de fruits. À son retour, l'air de rien, je lui demandai des nouvelles de Patrice. Elle arracha un brin d'herbe. Ne l'avait pas revu depuis des lustres. D'après Gérard, il avait interrompu ses études, voulait descendre vers le sud, trouver un job dans un bar ou dans une boutique. Le ciel était peuplé de moutons blancs qui s'effilochaient, petits mouchoirs d'adieu. Une guêpe flottait dans ma grenadine. Je l'attrapai par les pattes, me promettant d'empêcher Patrice de quitter l'Alsace.

Camille goba ses fossettes. Son sourire s'évanouit. L'espace d'un instant, elle avait pris dix ans. Dans un kaléidoscope où se lisait l'avenir, elle se métamorphosa en parfaite jeune épouse, notant ses menus dans un cahier, en mère gazouillant sur un berceau, en femme d'affaires qui a rendez-vous avec son amant dans un hôtel près de l'Arc de triomphe, en grand-mère tapant le carton avec ses amies, en vieille dame en chaise à bascule humant les dernières Belles de Crécy. Dans un souffle, elle m'annonça que Patrice avait été arrêté pour avoir volé des disques au Globe. Cette fois, il avait fait de la prison, deux jours, trois jours, elle ne savait plus. Excédé, Gérard s'était brouillé avec son fils. Ce sont des choses dont on ne parle pas rue de Passy. Après une gorgée de citronnade, ma cousine retrouva son velouté. Je cassai une branche de bois sec tombée du pommier.

– Gérard devrait se montrer plus compréhensif. Patrice a besoin de son père, sinon qui prendra soin de lui ?

– Arrête de t'apitoyer sur son sort. C'est un grand garçon, il n'a pas besoin d'une nounou, se braqua-t-elle.

Une piqûre de moustique me démangeait. Pendant que Camille se plongeait dans *Guerre et Paix*, je rêvassais sur le gazon. Ça devait être un samedi après-midi, le jour où on brade de la choucroute, de la Kronenbourg, de la Fischer et de la Schütz. Patrice a fait un tour au rayon disques. Son affaire : l'année dernière, il a passé un mois à vendre des 45 tours. Quand le vendeur a pris sa pause, il a plongé la main dans un bac, en a tiré ses préférés : *Let It Be* des Beatles, *The Man who Sold the World* de David Bowie, *The Wonder of Yo*, d'Elvis Presley, et puis ceux des Who, des Doors, de Chicago, de Richie Havens, de Jimi Hendricks, mort en septembre dernier. Un coup d'œil à droite, à gauche, il les a fourrés dans sa besace, a flâné au rayon homme, hésité à enfiler un blouson de cuir à trois cents francs. Devant les flacons de *Jolie Madame,* il a pensé à moi, même s'il ne se parfume plus depuis longtemps. À la sortie du Globe, les alarmes se sont déclenchées. Un gardien l'a obligé à le suivre jusqu'au bureau du directeur. Embarqué au poste de police, il a passé la nuit en garde à vue. Dans sa cellule, un poivrot braillait, rotait, vomissait. Qu'importe. Il fredonnait *Let It Be.* Pendant ses nuits d'insomnie, il lui arrivait de frapper contre le mur, d'injurier son père, d'en vouloir à la terre entière, à ces grognards du Secours rouge qui n'étaient pas au rendez-vous le jour où Georges avait voulu réunir son dernier carré, à mon père à qui il aurait bien filé une châtaigne. À l'aube, lorsque les gardiens somnolaient, il s'est évadé, comme Fabrice del Dongo. Une corde à la lucarne, il a sauté par-dessus l'enceinte de la citadelle sur un tas de foin où je l'attendais dans mon coupé.

Fleurs à la boutonnière, nous roulons sur la Nationale 7 vers la mer, vers le soleil, vers un hors-bord qui nous emporte loin de cette cité de brique et de fer, vers des villes d'eau aux maisons sur pilotis. Je me réveille sous un ciel de lit et je le rejoins sur une plage où nous pêchons des poissons phosphorescents, des étoiles de mer, des palourdes et des bulots.

Camille me chatouilla le bras. Oncle Daniel termina une dernière bande d'herbes folles, remisa la tondeuse au garage, enleva ses gants.

– Ma chère Juliette, il faudra fleurir la tombe de bonne-maman et trouver une dame de compagnie à bon-papa. Il n'a plus personne pour jouer au Scrabble, il ne monte plus sur son perchoir. Il a même rangé son sac de golf dans la chambre noire.

La chambre noire, là où il enfermait ses fils lorsqu'ils faussaient compagnie à leur précepteur ou qu'ils n'avaient pas fini leur soupe. Il bruinait. Nous gagnâmes le salon qui donnait sur une large baie vitrée. Des tabourets jaunes, des bergères, un buffet breton. Un bric-à-brac, s'en amusait oncle Daniel. Dans sa chambre, un lit défait où il devait se sentir bien seul. Chez Camille : une valise ouverte, des vêtements éparpillés, une nuisette, des strings. Sous prétexte qu'il fallait se changer avant d'aller dîner chez les Kahn, elle enleva sa jupe, dévoilant une guêpière noire – le dernier chic, paraît que les garçons raffolent des sous-vêtements à l'ancienne. Pendant que je la dégrafais, sa main se hasarda entre mes cuisses. Elle s'agenouilla devant moi, fit sauter les boutons de mon jean d'une main leste et me poussa vers le lit. Lorsqu'elle enfouit la tête entre mes jambes, sa langue était si douce que je me sentis aussi ramollie que dans un bain bouillant. Yeux clos, je me laissai aller à cette jouissance contre laquelle personne ne peut rien, retrouvant avec Camille le parfum de Patrice. La pluie ruisselait sur la terrasse. Elle enfila un peignoir de bain lavande, j'allumai une cigarette.

– C'est Patrice qui t'a appris ça ? Tu as fait l'amour avec lui ?

– Qu'est-ce que tu crois ? Ma mère est beaucoup plus sévère que tu ne l'imagines. On *flirtaillait*, voilà tout, ma belle. Il n'est pas mon genre. Plutôt le tien, petite révolutionnaire. J'ai ouï dire que tu t'en es donné à cœur joie après mon départ.

Au moment où je m'apprêtais à la tacler, elle s'éclipsa : excuse-moi, j'ai un coup de fil à passer. Pierre-Alexandre déteste attendre. On se verra demain. Viens dans l'après-midi, on fera une tarte aux pommes.

Bien sûr, ma chérie, et tu me montreras les photos de ta soirée de rallye. Ça a dû coûter cher à ta mère : un bon placement.

Je ne suis pas retournée chez oncle Daniel. Il fallait que j'apprenne par cœur une liste d'expressions espagnoles, mon passeport pour le lycée Schweitzer.

Jogging et baskets, Flo revenait du cours de gym. Puant la chaussette faisandée, elle dégoulinait de sueur. Depuis la manif, les réunions du Secours rouge étaient interdites. Georges avait trouvé du travail à la SACM. Avec son amie Francine, la déléguée des secondes, Flo avait voulu créer un noyau politisé à Montaigne, mais Francine avait été renvoyée, l'aumônier aussi : il couchait avec une fille de quatrième. À la rentrée, Flo entrerait au lycée technique de Colmar pour devenir aide-soignante. À Paris, Jean-Paul Sartre avait été inculpé de diffamation contre la police. Au congrès d'Épinay, François Mitterrand avait pris le contrôle du Parti socialiste. Les communistes, minoritaires, seront les dindons de la farce, dit-elle, la moue blasée. Avant qu'elle me file entre les doigts, je voulus savoir si Patrice logeait toujours chez sa mère. Elle ajusta son chouchou.

– Encore un qui a viré de bord, un planqué. Il s'est tiré on ne sait où. Il finira dans la boîte de son père, la voie royale, siffla-t-elle en se dirigeant vers les vestiaires.

La cour du lycée se vidait. Devant la grille, je libérai mon Solex, essuyai le siège mouillé d'un coup de manche. Pauvre ami, tu te rouilles déjà. Dis-moi que Patrice reviendra, qu'il est en paix, sa guitare sous le bras. Les mains sur le guidon, je me rassurais : un jour, je le croiserai devant le Moll ou rue du Sauvage, il sera fier de moi. Je vais enfin connaître *la vraie vie.*

Je voulais savoir à quoi ressemblait le travail à l'usine. Mon père appela le directeur du Inno, place de l'Europe. Cela facilita les choses : je fus prise pour un stage de deux semaines, du 15 au 30 juin. J'étais avertie : je serais traitée comme les autres.

8 h 30. Dans le vestiaire des vendeuses, la chef, Marielle, grande gigue à chignon choucroute, m'attribua un placard où ranger mon sac et ma pomme pour le goûter. Un tablier blanc et en piste. À cette heure matinale, pas un chat dans la grande surface. Marielle m'expliqua mon job : récupérer les caddies qui traînaient dans le magasin, les emboîter et les rapporter à l'entrée.

Pleine d'entrain, je furetai rayon légumes où deux chariots avaient été abandonnés, les fis rouler jusqu'aux caisses, les embrochai. À la poissonnerie, Angèle, brune boulotte, enfilait des gants en plastique et découpait des maquereaux pour lever des filets. Faut bien épuiser les stocks. Après son CAP de vendeuse, elle aurait aimé vendre des vêtements. Toute une vie à disposer des filets sur de la glace entre des dorades et des darnes de saumon ! À la pause de 10 heures, je m'offris un chocolat mousseux au distributeur. Denise, la caissière de la 7, chignon banane et taches de rousseur, buvait un petit noir. Elle venait de se marier avec un gardien de prison. Ils s'étaient rencontrés à un bal du dimanche après-midi. Il l'avait emmenée sur sa mob, une Paloma trois vitesses. Depuis, elle mettait de l'argent de côté, rêvait de s'acheter une voiture allemande, du solide. Un crédit, ce n'était pas gagné. Sonia, blonde au visage poupin, se lavait énergiquement les mains. À 6 heures du matin, elle réceptionnait les arrivages de fruits et légumes, espérait trouver un emploi à Bâle, où les salaires sont plus élevés. La vie de ces femmes n'avait rien à voir avec les grandes théories gauchistes. Elles ne se plaignaient jamais, se réjouissaient d'aller danser samedi au Safari. Angèle n'avait pas entendu parler du Secours rouge mais du Secours catholique. Je n'osais lui dire que j'envisageais de faire des études supérieures, ni qu'avec mon salaire je me paierais un nouveau jean, un bermuda et un maillot de bain.

En sortant du Inno, j'avais hâte de faire vibrer mon cher Solex. Sur la place en damier où le soleil déclinait, mon regard fut attiré par deux silhouettes qui se pressaient vers l'entrée de la tour de l'Europe. De loin, je crus reconnaître la veste à grosses côtes de papa. Même allure, même taille et ce bonnet afghan qu'il affectionnait. À ses côtés, en rose bonbon, une femme mince et élancée. Fouette, Solex ! Devant les portes vitrées de la tour, l'homme fit volte-face. La réverbération m'empêchait de discerner ses traits, mais je devinais les jambes de danseuse de la Prunier. Dès qu'ils s'engouffrèrent dans l'ascenseur, j'interrogeai un cadre peu dynamique. Y a-t-il un hôtel ici ? Non, mademoiselle, que des bureaux, des banques, des compagnies d'assurance.

En fin de soirée, bayant aux corneilles, je lambinais dans le salon où mon père lisait *Le Lion* de Joseph Kessel.

– Dis donc, papa, tu n'étais pas près du Inno tout à l'heure ? Tu aurais pu venir me saluer.

Mon père posa *Le Lion*, plaqua sa main sur sa joue, visiblement agacé.

– Écoute Juliette. Je travaille comme un damné, je suis rentré de l'usine à 21 heures. Tu crois que j'ai le temps d'aller me promener ? C'était peut-être oncle Daniel, on nous confond souvent. Maintenant, va te coucher, tu es crevée. C'est de la bonne fatigue, pardi !

Plus que deux jours. Ce travail au Inno s'avérait si monotone que j'en faisais le moins possible. Un matin où je ramassais des bouteilles de Coca et des sacs en plastique abandonnés par les clients, Marielle m'alpagua.

– Dites donc, mademoiselle Monin, vous vous croyez où ? Vous n'avez pas vu la benne sur le parking ? Vous pensez qu'il y aura toujours un boy derrière vous ? Et puis, arrêtez de discuter avec les vendeuses, on bosse ici ! Ce n'est pas parce que vous avez été pistonnée que vous pouvez tout vous permettre.

Je filai doux, soupçonnant Angèle d'être allée se plaindre à la chef. Dès lors, je restai sur mes gardes.

Seule consolation : en juillet, je partais pour Munich. Je m'y voyais déjà. Hébergée dans une famille, j'entrerais dans des églises blanches et dorées, baroques ou rococo, où l'on joue Bach ou Vivaldi. Je visiterais le château de Nymphenbourg, ce petit Versailles, le Hofgarten et son pavillon, la Marienplatz avec sa colonne à la Vierge. À la Pinacothèque, je me pâmerais devant les tableaux allemands de la Renaissance, les Dürer, les Altdorfer, les Rubens, mais aussi *L'Annonciation* de Fra Filippo Lippi et *Mars et Vénus surpris par Vulcain* de Tintoret. À la nouvelle Pinacothèque, je vibrerais pour les Manet, les tournesols de Van Gogh, les Sisley, les Cézanne et les Tahitiennes de Gauguin. Je découvrirais Klee et Macke. En Allemagne, dans ma famille d'accueil, on boirait de la bière au petit-déjeuner et j'en serais dégoûtée. En août, j'irais aux États-Unis, avec Jean-Loup et mes parents. À New York, Washington, Atlanta, Denver ou Cheyenne, nous serions reçus par les amies américaines de maman, du temps où elle étudiait en Georgie. Nous traverserions le pays d'est en ouest. À Salt Lake City, nous ferions la planche dans un lac salé, nous nous moquerions des mormons, de leurs églises avec moquette et chorales de femmes en bigoudis. Au Yosemite Park, un ours surgirait derrière une cabane. Je plongerais dans un lac d'eau pure. Loin du Inno, je me demanderais : qu'ai-je fait pour mériter ça ?

Le jour de mon départ, Olga, la vendeuse du rayon parfumerie, m'offrit une carte postale avec la recette du baeckeoffe aux trois viandes et ce conseil écrit au stylo bille : *Vis pour les autres.* Ce serait ma devise.

Elle figure en lettres majuscules dans mon journal, ce compagnon des bons et des mauvais jours à qui je livrais mes illusions et mes résolutions : « Patrice est trop instable, trop écorché vif pour moi. Je ne sais pas si j'aurai la patience d'attendre qu'il devienne plus solide. J'ai peur d'être déçue. À l'avenir, je préfère souffrir et me réserver pour mon mari plutôt que de succomber à la tentation du flirt, à la facilité. Il faut voir loin. Dieu sera mon réconfort. Mais aussi Rimbaud, Éluard, Aragon, Breton, Verlaine, Saint-Exupéry, Mauriac, Gide ou Claudel. Un jour, je rencontrerai un garçon de valeur. En attendant, je n'aurai que des amis. À la rentrée, j'aurai l'embarras du choix : quatre mille garçons pour une centaine de filles. »

12

CE MATIN-LÀ, c'était la rentrée des classes. J'avais pris le bus de bonne heure – le lycée Schweitzer était trop loin de la maison pour que je sollicite mon Solex. Vêtue de l'imperméable gris de maman, discrétion oblige, je ne risquais pas de provoquer les garçons, ni de me faire siffler. Pendant l'appel, Jean-Loup cavala vers moi en criant : c'est ma sœur ! Va te faire voir chez les Grecs ! Des boutonneux, des gros, des maigrelets, personne n'avait le charme et l'allure de Patrice. Les filles de la classe première A5, espagnol seconde langue, étaient priées d'attendre leur professeur de français, M. Gribouille, au deuxième étage. Un bâtiment moderne, des couloirs bruyants, des pupitres griffonnés, rien à voir avec les murs décrépis de Montaigne. Un cahier de textes, un paquet de feuilles à gros carreaux, un stylo, des feutres : ma vie se résumait à quelques fournitures. Pendant l'été, j'avais commencé à préparer le bac de français en dévorant les *Lagarde et Michard.* Pour être admise au collège de Neuilly, il fallait au moins 14 de moyenne.

Un petit bonhomme, béret sur la tête, serviette sous le bras, entra dans la classe, grimpa sur l'estrade, toussota, renifla, fit crisser la craie sur le tableau noir. *18 septembre 1971. François Villon, l'indiscipliné.* Entre deux grognements, ses yeux roulaient comme les agates de Jean-Loup. Villon, le mauvais garçon, l'assassin, revivait. Il errait dans les ruelles mal famées du Quartier latin, tuait un prêtre à coups de couteau lors d'une rixe, s'exilait sur les chemins de campagne, volait, se battait, croupissait. Lorsque Gribouille nous lut *La Ballade des pendus*, les vers de Villon m'électrisèrent. Patrice avait raison : l'art est subversion et transgression. Il embellit la vie, nous rend meilleurs.

Dans mon nid douillet, j'arrachai le poster de Che Guevara, punaisai celui de Rimbaud acheté à la librairie Bisey et celui de Jim Morrison retrouvé mort à 27 ans, le 3 juillet.

Après la soupe aux poireaux et le hachis parmentier, ma mère me convia dans le salon autour d'une verveine menthe. Dans l'après-midi, elle avait participé à une réunion avec la nouvelle équipe de campagne et se présentait sur la liste UDR des municipales, Mulhouse Demain. Jean-Louis Bauer, ancien militaire reconverti dans la politique, lui avait longuement parlé de son fils, Loïc. Un garçon qui irait loin et avait de fortes chances d'intégrer Polytechnique, les Mines ou Centrale. Aussi passionné par Vigny et Musset que par Mozart et le chant grégorien, ce pilier de la Jeunesse étudiante chrétienne (JEC) animait une chorale et organisait des randonnées pour jeunes cathos. Il adorait crapahuter sur les versants des Alpes pour contempler la terre de haut. Un type qui aime le chant grégorien doit être ennuyeux à mourir, voire un brin réac, me dis-je. Maman l'avait invité à un barbecue le samedi suivant. Elle tenait *absolument* à ce que je choisisse le menu avec elle. Pourquoi ne pas accompagner les saucisses grillées d'un taboulé et d'une salade niçoise ? Simple et convivial. Une bonne idée, n'est-ce pas ? se félicita ma mère, en savourant sa tisane à petites gorgées.

En jean et baskets, je refusais de jouer à la jeune fille de bonne famille que l'on présente à un beau parti, décidée à faire tourner en bourrique ce phraseur, chef d'une meute de louveteaux. Laosine soufflait sur les braises. Oignon vola une saucisse. Marthe déclara qu'elle avait déjà dîné. Jean-Loup regardait un match de tennis. Violette sautait à la corde. Tom jouait avec un cerf-volant.

Grand brun, visage taillé à la serpe adouci par des yeux clairs, pantalon de flanelle repassé au pli, Loïc sortit de la cuisine avec papa, tenant d'un doigt la ficelle d'une boîte de gâteaux. Maman s'extasia : c'est trop gentil, il ne fallait pas. Mon père m'invita à saluer le monsieur. Je me hissai sur la pointe des pieds pour embrasser l'invité. Sourire Colgate, d'une voix plus virile qu'il n'y paraissait, il se dit ravi de faire ma connaissance. Marc et Damien lui avaient parlé de moi, de mon enthousiasme, de mon ouverture d'esprit. Merci les gars ! Je retournai au barbecue où les saucisses noircissaient, le laissant discuter d'économie avec papa. Maman lui servit un verre de sangria. Il plastronnait : Mulhouse Demain donnera un nouvel élan à la ville. Trop de Maghrébins, de chômeurs, de poivrots, de traîne-savates, de jeunes en perdition. Une assiette de taboulé ? Pas de refus. Juliette, tu veux bien… Sur une chaise en fer forgé, Loïc mangeait avec voracité. Il posa sur moi un regard franc, se lança dans une grande tirade : la nature est la seule source de vérité et d'harmonie dans ce monde. Laissons les fleurs à leurs places, les oiseaux sur leurs branches, me serina-t-il. Comme je ne réagissais pas, il me demanda si j'avais vu un bon film. Sans attendre ma réponse, il reconnut détester le cinéma intellectuel de Godard et de la « nouvelle vague », bien qu'il ait un faible pour Sergio Leone et *Il était une fois dans l'Ouest*. Son regret ? N'avoir pu apprendre à jouer de l'orgue. En racontant son ascension du mont Blanc, il trempa une saucisse dans un pot de moutarde, vira au vinaigre. Ma mère lui tendit un verre d'eau. Au fromage, le regard rivé sur la ligne bleue des Vosges, il me parla de la JEC : le père Oscar est si lumineux, ses réflexions, des fulgurances. Satisfait d'avoir créé une section à Strasbourg, le futur ingénieur se désolait du manque d'idéal chez la plupart des étudiants. Samedi, à la prochaine réunion du père Oscar, il comptait sur moi. Lorsqu'il insista de sa voix de ténor, ses yeux teintés de tristesse trahissaient son désir de s'émanciper d'une éducation presque militaire, dévoilant les fêlures d'un jeune homme trop maîtrisé, trop bridé. Il semblait attendre beaucoup de moi. Mais peut-être qu'avec un peu d'humour, il pourrait se détendre, me dis-je en l'accompagnant vers la grille où il avait garé l'Austin 1800 de son père.

Il m'avait convaincue, j'étais prête à aller à la JEC. Maman serait contente. Je lui devais bien ça.

J'ai attaché mes cheveux, choisi un pull blanc, un jean noir. L'avenue du Président Kennedy n'en finissait pas. À partir du numéro 278, je perdis patience : si je ne trouve pas le local de la JEC dans cinq minutes, je fais demi-tour. Pas de chance, au 308, une porte en fer indiquait « Communauté des jésuites ». C'était une bâtisse blanche encadrée par le Crédit foncier et Avis.

À l'intérieur, un hall placardé d'affiches annonçant une kermesse, une retraite, une formation d'animateur en centre aéré. À ma droite, une pièce claire où des jeunes bien comme il faut buvaient à l'amitié. Loïc vint vers moi : heureux de t'accueillir, Juliette. Il me présenta le père Oscar. Jovial, yeux pétillants, houpette à la Tintin, pantalon et chemise noire, le jésuite m'écrasa la main à moitié et m'offrit une boisson parmi les briques disposées sur une table recouverte d'une nappe en papier : ananas, orange ou pomme ? J'aurais préféré un coup de blanc ou du jus de pamplemousse. Solène, boucles d'or, jupe plissée, me tendit une coupelle de biscuits salés. Bienvenue au pays des béni-oui-oui !

– Appelle-moi Oscar. Tu peux me tutoyer, Juliette, dit l'aumônier en crachant le noyau d'une olive dans le creux de sa main.

Oscar inscrivit le mot Liberté sur un *paperboard*. Chacun prit place autour d'une table à tréteaux.

– La liberté commence par le respect de l'autre, déclara Loïc, l'air radieux. L'homme a le choix entre le mal et le bien. Sans elle, nous serions asservis à nos instincts, comme des bêtes.

Solène brûlait de prendre la parole. Sa voix d'ange s'éleva :

– Choisir le bien, c'est devenir responsable, mais aussi se soumettre, perdre sa toute-puissance pour suivre le Christ qui nous montre le chemin de l'humilité, de la charité, du don de soi.

Je levai le doigt, m'emballai :

– La liberté est un luxe. Peu d'hommes ont le privilège de pouvoir y prétendre. La vendeuse chez Inno et l'ouvrier à la chaîne ne pensent qu'à leur survie. Ils se moquent de vos belles paroles, de Rousseau, de l'éternel dilemme entre la puissance et la gloire, la chair ou Dieu, le bruit ou le silence. Ils ne voient pas plus loin que leurs fins de mois qui commencent le 15.

– Tu es un bon élément, tu apportes la contradiction, clama Oscar. Le Christ est du côté des pauvres, des opprimés, des petits, des malades.

Amen. Ras le béret. Toujours les mêmes sornettes. J'attrapai ma gabardine. Sur le pas de la porte, Loïc m'embrassa timidement.

– À la semaine prochaine, Juliette. On a besoin de toi.

Pas moi !

Les magnolias étaient en fleurs, baiser de l'arrière-saison avant l'hiver. 18 heures, mon moment préféré. Satisfaite de ma petite intervention, je riais encore du regard éberlué de Loïc. Je l'avais choqué, je l'avais charmé. Les garçons coincés aiment se faire bousculer. Un rayon de soleil flirtait avec les branches du grand pin. Dans la cuisine, devant un verre de sirop d'anis, Marthe essayait d'apprendre par cœur *Le Lièvre et la Tortue*. Maman caressa les cheveux de ma sœur, aussi doux qu'un duvet de poussin. Pourquoi n'était-elle pas aussi tendre avec moi ? Je savais qu'elle m'aimait, mais je me demandais pourquoi elle ne me le disait jamais, espérant au moins qu'elle me féliciterait d'être allée à la JEC. Elle se pencha sur le cahier de Marthe qui me tira la langue. À quoi bon riposter ? Je me raisonnai : Marthe n'est pas souvent cajolée, trop nerveuse pour tenir en place. Un yaourt à la fraise et je m'en retournai à mes chères études, pistée par mon brave Oignon. Dans l'escalier, je me sentais mal à l'aise, happée par un vieux souvenir. J'avais six ans, des nattes et une patinette. À la campagne, chez Gaston et Diane, je fuyais le soleil, me réfugiais à l'ombre d'un tilleul. Dans la lumière d'août, maman descendait vers le potager. J'avais tellement besoin d'un baiser que je me suis jetée sur elle, agrippant sa taille si menue. Agacée, ma mère a rassemblé les plis de sa jupe et m'a repoussé d'un : « Arrête de me coller, Juliette, tu vas froisser le satin. »

En l'honneur des dix ans de Violette, mon père ouvrit une bouteille de champagne dont le bouchon rebondit sur le plafond de la salle à manger, déjà marqué par ceux de nos précédents anniversaires. Marthe dansait la samba autour de la table. Jean-Loup fourrait du poil à gratter dans le cou de Violette. Ma mère portait un pull rose qui lui donnait le teint frais. Je m'élançai vers elle, claironnant :

– Ce pull te va à ravir, tu as l'air d'une jeune fille.

Elle cligna des yeux, ébaucha un sourire lourd de sous-entendus. Malgré mes tentatives de séduction, je sentais un soupçon de reproche, un zeste de méfiance à mon égard. Elle s'imaginait sans doute que je la flattais pour mieux souligner que d'habitude, elle était habillée sobrement. Si elle voulait entrer dans la catégorie des coquettes – dont tante Monique faisait partie –, il lui fallait oser le rose.

Minuit. Mes devoirs terminés, *Le Bal du comte d'Orgel* sur les genoux, j'avais hâte de savoir si Mahaut allait enfin avouer son infidélité à son mari. On toqua. Qui cela pouvait-il bien être à cette heure-ci ? Mon père se glissa dans la pénombre. Allait-il me reprocher de veiller ? Il renoua la ceinture de son peignoir assorti à ses yeux, se posa sur ma couverture. Je lui tendis ma rédaction. Pendant qu'il la lisait sous ma lampe de chevet, je l'observais du coin de l'œil : s'en veut-il de ne pas être assez présent ? Je suppose qu'il a décidé me dire bonsoir car j'ai complimenté maman sur son pull rose. Il a dû apprécier ce geste. Peut-être a-t-il espéré qu'il apaiserait la situation, que maman arrêterait de lui reprocher l'affection qu'il me porte, ces petits privilèges, ces échanges interminables à table, ces balades en tête-à-tête dans les bois, près du zoo ou sur les sentiers des Vosges, ces soirées pendant lesquelles maman tricotait dans son lit et qu'il me confiait ses doutes existentiels, sa crainte que des actionnaires ne s'emparent de son usine – qu'il appelait sa « fiancée ». Durant ces longues veilles, malgré ses efforts, ses fantasmes l'envahissaient. Pensées interdites qu'il tentait de contenir mais qui pourtant lui échappaient.

– Ta mère est si fragile, un rien la blesse, dit-il en faisant glisser son anneau de mariage.

Je ne sais plus à quoi je pensais à cet instant, mais j'imagine que je m'assoupissais, un bras dodu replié, le drap tiré jusqu'au menton. Des questions se bousculaient : qu'a-t-il voulu dire ? Il cherche à se protéger d'un danger qui le guette, ces frelons qui se battent dans son crâne, ces chairs rondes et fraîches des toiles de Rubens qu'il a vues au Grand Palais, ces beautés qui l'attirent et l'effrayent. La peur d'être tenté. Est-il séduit par les stylistes et les hôtesses de la foire de Francfort ? A-t-il revu la Prunier dans un studio de la tour de l'Europe ? Et puis pourquoi s'attarde-t-il dans ma chambre ? Ma faute d'être la préférée, trop belle, trop bavarde, trop contestataire, trop tout. Ma faute de ne pas avoir dit bonsoir à maman, de ne pas l'avoir remerciée pour le poulet au citron, de ne pas l'admirer pour son travail au foyer… Elle n'en peut plus d'attendre que mon père la rejoigne. N'en peut plus que je me prélasse sur le canapé du salon avec lui pendant qu'elle frotte les casseroles. Il ignore comment la rassurer, voudrait que je le fasse à sa place. Trop tard, le pli est pris : nos rituels, nos clins d'œil, nos rixes nous lient à jamais. C'est moi, la fiancée de papa. Moi et moi seule, et si un jour je le revois avec la Prunier près du Inno, je ne me gênerai pas pour crever l'œil de cette poupée de chiffon.

Sur la photo de famille, je suis près de papa. Mes cheveux ondulent, je porte un pull mousseux, des colliers de pois à dents de requin. On me voit trop. Ma mère, tailleur chiné, enlace Tom qui tire la langue.

Mon père s'empara du *Rouge et le Noir* que j'avais acheté en poche chez Bisey. J'avais écorné des pages, souligné les passages où Julien grimpe sur le balcon de Mathilde. Sorel, mon Patrice, tiraillé entre le drapeau rouge et l'étendard noir. Délaissant Beyle, Dad jeta un coup d'œil à mon cahier de textes, opina du bonnet : eh bien, tu deviens studieuse. Forcément, il avait trouvé Loïc remarquable. Une érudition un peu trop livresque, empêtrée dans des théories, mais il mûrira, accédera à des responsabilités de premier plan. Une belle mécanique intellectuelle, une vision moderne de la nouvelle société dont rêve Chaban, plus jeune, plus prospère, plus compétitive grâce à des privatisations, à l'allègement de l'administration, à la formation professionnelle, à l'indépendance de l'ORTF. Papa a de l'expérience, mais il a une idée derrière la tête, c'est évident. Il s'intéressa à la JEC, à mes cours de français, examina ma pile de disques, me proposa un contrat : échanger les Who, les Stones et les Bee Gees, contre Bach, Vivaldi et Schuman. Il me ferait connaître la symphonie n° 1, je lui ferai découvrir *I Want You* ou *Forever Young*.

Ses yeux prenaient la couleur des cieux pailletés d'or derrière le Toubkal. C'est à lui que je confiai la débandade au moment où la prof d'espagnol avait déboulé dans la classe, la rigolade lorsque j'avais jeté une bombe à eau du deuxième étage du bâtiment E sur un groupe de troisièmes, la séance de la JEC. À lui que je montrai le poème écrit pendant le cours de maths.

Seul le petit moine
en filigrane
Existe sur le damier calciné
Il frise la toile du Nord
S'éloigne de mon seuil ouvert
sur l'insoutenable tréteau
Le voile s'inspire d'un cri
sur les corps brûlés.

Il me dit que j'avais du talent, que je devrais écrire. Lorsqu'il caressa mon front, un bonheur inconnu m'envahit. Il était 1 heure du matin. Maman s'était assoupie en chaussettes.

La pluie coulait sur la gouttière. J'avais trop dormi. Jean-Loup jouait de la guitare, toujours le même air : *Yellow Submarine.* Oignon gratta à la porte. J'avais tout le week-end pour finir ma rédaction de français sur Rabelais, relire mes notes passées au feutre fluo : en violet les transitions, en jaune les titres, en bleu les citations. Gribouille était un prof à l'ancienne, méthodique et exigeant, comme je les aimais. Dans mon grand pull de laine informe tricoté au point mousse par Germaine, je descendis voir maman. Elle se réveillait à 6 heures, prenait son petit-déjeuner avec mon père en commentant *L'Alsace.* Un brin de toilette et elle était prête à affronter une journée chargée : menu pour la semaine, liste de courses, rendez-vous à la mairie, à la préfecture, inspection du foyer, paperasse, jardinage, rangement des placards…

Jupe écossaise, cardigan boutonné, elle classait des factures. Son verre de jus d'orange pressée avalé, elle dit « bonjour Juliette » sur le ton d'un professeur d'école. Après avoir rangé le dossier EDF, elle se dirigea vers la salle de bain. Dans le reflet du miroir, ses yeux étaient cerclés de bleu, ses lèvres minces, dessinées d'un trait. Lorsqu'elle enduisit ses cils d'un mascara marron, sa main tremblait. Elle se plaignit de ne pas savoir se maquiller. Un doigt dans du fard verdâtre, je couvris ses paupières, les soulignai de khôl, balayai ses joues d'un blush rose. Elle gomma la couleur d'un gant humide, jugeant ce maquillage trop voyant. Sans doute ne voulait-elle pas se faire remarquer à Bourtzwiller, où elle allait rendre visite à Marie-Lise, une mère célibataire à qui elle avait trouvé un appartement à la cité Saint-Clair. Dans la buanderie, elle me proposa de l'accompagner. J'avais du travail, mais je ne pouvais pas décliner son offre : elle se donnait tant de mal. Et puis, Patrice avait grandi là-bas. Sa tante, Jeanne Lanterneau, y habitait, et j'espérais la rencontrer.

Dans la 404, ma mère me raconta ses escapades à Nanterre. À l'époque, elle avait vingt ans, les gens vivaient dans des baraques en bois ou en taule qui ressemblaient étrangement aux bidonvilles de El-Alia. Elle s'était prise d'affection pour des familles dans le besoin, les avait aidées à trouver un logement décent. Ce fut le début de son engagement social en faveur des mal-logés. Une priorité, insista-t-elle. Très tôt, elle avait su ce qu'elle voulait :

se consacrer aux autres. À ses mots, je me dis avec appréhension que je finirais par lui ressembler, par me soumettre aux principes qu'elle me distillait depuis toujours. J'avais six ans. Nous étions à Tan-Tan, dans le sud du Maroc. Le chergui faisait voler le sable. Ma mère était entrée dans une maison en pisé appartenant à des Touaregs. Je tirais par les cheveux ma poupée noire que j'appelais Albertine. Une petite fille nue lorgnait mon jouet. Ma mère m'avait obligée à le lui donner. On n'est pas généreux à cet âge-là. Sur le film qu'a fait mon père, je suis repliée sur moi-même, à l'ombre de la Jeep, toute ronchon.

À la sortie de Mulhouse, les maisons perdaient leur couleur. Bourtzwiller. Un pont sur la Doller, des rues dépavées, des blocs de béton au pied desquels des gosses jouaient au foot. Ma mère s'engouffra dans une cage d'escalier crasseuse – quinze étages à monter jusque chez Marie-Lise. Ses talons claquaient. Elle salua des femmes chargées de sacs, entourées d'enfants. Ça criait, ça empestait les ordures, l'urine. Une brune au visage de poupon, serviette enroulée sur la tête, savates et peignoir, entrouvrit la porte, s'excusa de nous recevoir en déshabillé, se dépêcha de ranger les jouets de trois gamins qui s'agrippaient à elle. Sur un matelas, deux fillettes dessinaient. Un adolescent fumait au bord de la fenêtre. Des draps séchaient dans le coin cuisine où s'entassaient bassines et linge sale. Une rose en plastique dans un verre à Ricard trônait sur une console. Marie-Lise ouvrit une bouteille de Fanta. J'en profitai pour lui demander où se trouvaient les toilettes.

Sur le palier, une femme en djellaba m'indiqua l'appartement de Jeanne Lanterneau, deux étages plus bas à droite. Je fonçai, sonnai. Yeux gris, cheveux blancs, le front bas comme Gérard,

Jeanne n'avait pas d'âge. Dans son deux-pièces, un matou ronronnait sur le couvercle d'un aquarium où nageaient des poissons rouges. Malgré ma peur des chats, je caressai le dos du gros minet. Quand je demandai des nouvelles de Patrice, Jeanne s'affligea. Elle l'avait vu grandir : un gosse si vif, à l'imagination débordante. Ne se doutait de rien jusqu'au jour où Maïa s'était plainte des taloches que Gérard donnait à son fils. Jeanne avait tenté de raisonner son frère. Son divorce n'avait rien arrangé. Quelques jours plus tôt, elle avait vu Patrice devant la MJC avec le groupe de dealers qui polluaient la cité. Il se drogue, il fait du trafic, quel gâchis ! se désola-t-elle. Le cœur brisé, je retournai voir ma mère. Tête baissée, maman tira discrètement une enveloppe de son sac et la tendit à Marie-Lise dont le visage s'illumina.

Dans la voiture, je me rongeais les ongles. Que s'était-il passé ? Nous avions été si heureux au Mullerhof. Une embellie, loin des menaces, pendant laquelle nous avions fait des provisions de tendresse, avant que les adultes ne détruisent ce qui n'était qu'un commencement. Devant le miroir de la salle de bain, je me giflai. Tout m'exaspérait : mon visage joufflu, mes cheveux épais. En un mot, je me détestais. Seul mon journal pouvait me comprendre : « Pourquoi n'ai-je pas pensé à la souffrance de Patrice ? Comment ai-je pu le délaisser, le trahir ? Il a dû croire que je le méprisais. Le mal est fait, fille sans cœur. Ah ! Pleurer, avoir faim et froid, être libre ! Jeanne Lanterneau, sa misère, l'agressivité qu'a subie Patrice, tout m'écœure, me révolte. Je hais ma mollesse, mon apathie, ma jouissance. La pluie, la maudite pluie, se met à tomber. Le vent arrache les feuilles du cerisier. Peu à peu, ce bruit m'apaise. Étrange manège des émotions : il y a un instant, j'étais enragée, maintenant, j'ai envie de danser. À seize ans, on passe du rouge au noir sans s'en apercevoir, on oublie vite ses fureurs. Plus tard, les soucis de la vie et les déceptions que vous causent les enfants, les maris, les amants vous colorent de teintes pastel. À l'âge où je m'abandonnerai à l'inconnu, mon âme délivrée retrouvera, j'en suis sûre, l'éblouissement des soleils rouges. »

En lisant *Le Bachelier* de Jules Vallès, je crus me reconnaître. Moi aussi, j'envisageais d'écrire un roman. Il m'a fallu attendre longtemps avant de me l'autoriser. À trente ans, lorsque j'ai voulu m'inspirer de mes journaux intimes, ma mère s'est offusquée, m'a mise en garde : on ne parle ni de soi ni de sa famille, c'est indécent. Elle ignorait qu'un écrivain est un menteur, un voleur qui butine dans les jardins des autres. Mais aussi un cuisinier qui fait de son histoire une drôle de soupe. Curieusement, l'année de mes seize ans, j'avais écrit peu de choses sur ma vie de lycéenne. Sans doute parce que je me perdais dans de longues méditations que le philtre maternel agissait, m'anesthésiait.

13

Au réveil, mon premier regard fut pour la robe de mousseline rose étalée sur le dossier de mon fauteuil crapaud. Ce soir, mon premier bal. Des bas blancs, des ballerines et le collier de topaze que m'avait donné bonne-maman : tout était prêt. Déjà le ciel se teintait de la couleur de ma robe. Serai-je à la hauteur ?

Maman était fiévreuse. En queue de pie noire, papa m'accompagna à la Société industrielle où Simon et Jacqueline Zimmer recevaient à l'occasion des dix-huit ans de Marc. Attifée d'une robe panthère, Jacqueline serrait la main du préfet, du sous-préfet, du maire, de la femme du préfet, de sa maîtresse. Dans le hall, un laquais s'empressa de m'enlever mon manteau. Habillé en pingouin, Marc claqua des mains devant ma robe aux voiles blanches. Gominé, engoncé dans un gilet pourpre, Loïc écarquilla les yeux et prit mon bras, comme si j'étais sa chose. Un lustre à pampilles inondait la salle de bal d'une lumière blafarde. Un orchestre jouait des tubes de Claude François et de Sylvie Vartan. On se croyait au bal d'Eschentzwiller, le dimanche après-midi.

Aux premières notes du *Beau Danube bleu*, j'imaginai Emma Bovary, un camélia piqué dans son chignon. Robe safran pâle relevée par trois bouquets de roses Pompon mêlées de verdure, elle repoussait Charles, de peur qu'il ne salisse ses volants de ses grosses pattes qui sentaient la naphtaline. Un cavalier la tenait par le bout des doigts. Dédaignant les canards boiteux et les poules d'eau, elle glissait comme le cygne de l'étang du Mullerhof.

Rock My Soul : il était temps. Loïc me conduisit au centre de la piste, me fit tourner avec la gaucherie et la rudesse d'un puceau. Près du buffet, les parents surveillaient leur jeunesse. Les colliers de perles frissonnaient aux décolletés, les bracelets tintaient aux poignets. Les broches, les chevelures, les jupes qui bouffaient, les mains qui se donnaient, se quittaient, tout se mêlait dans le tournis du rock. Aux dernières passes, Loïc s'essoufflait, ses rouflaquettes perlées de sueur. *Let's have a drink !*

– Quelle joie de vivre, se pâma-t-il en tombant la veste. Ton énergie, ton optimisme me font du bien. Pourquoi es-tu si souriante ? Qu'est-ce que cela cache ?

La question me laissa sans voix. À l'avenir, je sourirai moins, je saurai me tenir. Une coupe à la main, je cherchais mon père des yeux. À l'autre bout de la salle, près d'un guéridon nappé de rouge, il riait avec la Prunier, moulée dans une robe en satin doré dont l'échancrure plongeait jusqu'à la naissance des reins. Voilà longtemps que je ne l'avais pas vu aussi gai. Peu à peu, il se fit plus grave. Céline lui disait-elle des mots doux ? Se plaignait-elle de son mari ? Mon père essuya une larme et je compris qu'il se passait quelque chose d'anormal entre ces deux-là.

Marc s'extasiait devant les seins felliniens d'Adrienne lorsque Camille entra. Perchée sur des talons rouges, bas résille, minijupe de cuir, body noir, telle une fille du Crazy Horse, elle ouvrit les bras à l'assemblée. Les invités se figèrent. Nez bourbonien, sourcils dessinés, son cavalier fit voler sa cape et se pavana près d'elle. Derrière leurs éventails, les dames gloussaient, les hommes toussotaient. Camille offusquait les mères de famille, emballait les pères, et elle s'en fichait, elle avait tous les droits : ils avaient montré sa mère du doigt, elle se vengeait. Malgré leurs mesquineries, leurs railleries, elle deviendrait duchesse et ils mordraient la poussière. La Zimmer se trémoussa dans sa direction, suivie par la Keller et la Knibili. Chemise à jabot de dentelle, mocassins vernis, chapeau haut de forme de magicien, le galant les salua : Pierre-Alexandre de la Fontaine du Bois Doré, le fiancé de Camille. J'avalai le jambon œuf mayo d'un canapé, laissai le pain dans un cendrier. Camille croqua un radis, grimaça : du bas de gamme, ce buffet. Dans les rallyes, on s'adresse plutôt à Hédiard. Pierre-Alexandre l'avait présentée à ses parents : elle avait fait un saut de puce à Mulhouse dans l'espoir qu'il y aurait du gibier : Pierre-Alex devait être bon tireur.

– Et Patrice ? Comment va-t-il ?

– Il vivote, il glandouille, il magouille. Que veux-tu, on n'y peut rien, ma chérie. Il n'a que ce qu'il mérite, dit-elle en regardant par-dessus mon épaule.

Marc accourut vers elle. Elle l'étreignit comme un nounours, laissant sur sa joue la trace de son rouge à lèvres. Loïc me tendit une coupe que j'avalai d'une traite.

– Je connais mes limites : quand j'ai trop bu, je préfère m'éclipser.

Il proposa de me raccompagner.

– Pas la peine, je rentre avec papa.

Sur le trottoir d'en face, près de la DS, je grelottais, le bas de ma robe maculé de boue.

Après le bal, Camille n'eut pas le temps de passer à la maison. J'aurais aimé faire plus ample connaissance avec Pierre-Alexandre mais je ne voyais pas de quoi nous aurions pu causer. Ma robe chez le teinturier, je me remis à la préparation de mon épreuve de français, rêvant entre deux dissertations du boulevard Saint-Germain où je marcherais avec Loïc sous les marronniers. Un samedi, j'eus envie de m'acheter un tee-shirt violet repéré chez Doudou. Les cloches du temple protestant sonnaient midi. Place de la Réunion, c'était jour de marché. Étalages de charcuterie et de fromages, saucisson, pâté de lièvre, il faut bien tenir le coup pendant l'hiver. Impossible de trouver la clef du cadenas de mon Solex. Je le garai devant la librairie Bisey, en lieu sûr. Chez Doudou, je furetai d'un porte-vêtements à l'autre. Le tee-shirt avait été vendu. Sur un cintre, une petite robe en coton noir. Pourquoi pas ? Sans chichis, elle devrait plaire à Loïc. J'avais tellement changé depuis deux ans ! Tour à tour minette, hippie, révolutionnaire, j'étais devenue poète, mystique. Prête pour l'uniforme bleu marine d'un collège prisé autant que pour les rallyes et autres pince-fesses parigots, j'avais peut-être rencontré mon futur mari.

Sur les marches du temple, un joueur de pipeau jouait une ballade du bon vieux temps. Au coin de la rue des Tanneurs, mains dans les poches de son blouson, Patrice marchait lentement. Je volai vers lui. Pâlichon, amaigri, mâchoire serrée, il s'éclaira un instant. On se retrouve au Vine Stube, chez Pépette, dit-il avant de balayer la place du regard. Sa silhouette dégingandée s'enfonça dans une rue piétonne. De crainte qu'il ne m'échappe, je m'empressai de le suivre. Dans le bistrot niché sous une maison à colombages, une bande de gaziers aux joues cramoisies trinquaient à la santé de l'équipe de foot de Mulhouse. Près d'une fenêtre à carreaux rouges et bleus, Patrice remonta le col de sa veste. Yeux vitreux, mains tremblantes, il m'ordonna de parler doucement.

– Je suis heureuse de te voir. Tu ne risques rien.

Il joua avec sa gourmette, comme près de l'étang.

– Tu perds ton temps avec moi, je ne te mérite pas. Je suis un moins que rien, je n'ai pas de travail, pas d'argent, rien à t'offrir.

Son regard s'attarda sur un poster, un îlot avec son cocotier habituel, quelque part dans les mers du Sud. Après un moment de flottement, je tentai de rallumer dans ses prunelles l'étincelle du grenier.

– Tu es une belle âme, tu es cultivé, intelligent, sensuel, gentil aussi. J'ai confiance en toi. Je t'ai écrit mais je n'ai pas osé t'envoyer ma lettre. Si tu savais combien tu m'as manqué. Il y a eu trop d'histoires entre nos deux familles, ils nous ont fait du mal. Maintenant, je suis là, avec toi.

Un serveur m'interrompit. J'optai pour une Heineken, lui une fine. Autour de ses yeux flous, le petit éventail du sourire. Il avait fait les vendanges à Riquewihr, voulait descendre dans le Midi, loin des « cons ». J'essayai de l'en dissuader. Il déchiqueta une serviette en papier.

– Je ne veux plus voir personne. J'ai fait le tri. Marc et Damien m'ont laissé tomber. En sortant de taule, j'ai appelé mon père, il m'a raccroché au nez. Ma mère ne cesse de me fliquer. Flo et les camarades se sont embourgeoisés : la solidarité a des limites. Le seul qui m'ait tendu la main, c'est Georges. Je squatte une chambre dans son appartement, non loin d'ici.

La gorge sèche, les lèvres dans la mousse de ma bière, je me promis de parler à Camille : elle saurait convaincre Gérard de se réconcilier avec son fils. Patrice essuya d'un doigt le contour de ma bouche.

– Sois heureuse, Juliette. Écris ce qui te vient. C'est ta manière de résister, de survivre à ce monde à la dérive. Tu ne ressembles pas aux autres. Ne te laisse pas gâcher.

Je fis glisser de mon annulaire une bague sertie d'une pierre de lune achetée dans les souks, la lui donnai. Il la contempla, émerveillé. Baisa la paume de ma main. Juré, il reviendrait ici la semaine prochaine, même jour, même heure. Son teint rosissait, ses yeux riaient. Un instant, je le retrouvai tel qu'il était au bord de l'étang. Puis il se lèverait comme un chat et s'évanouirait dans la bruine qui lavait les pavés.

Devant chez Bisey, mon Solex avait disparu. Autour de moi et dans la librairie, personne n'avait rien vu. Rue du Sauvage, je courus en tous sens, dans l'espoir de rattraper le voleur, bousculai les passants, interpellai un marchand de journaux, un policier, des gamins. À bout de souffle, je revins vers la place, sillonnai les ruelles des environs, me laissai choir sur les marches du temple. Mon ami, mon seul ami, le Solex de mes quinze ans, tout neuf, tout beau ! Pas lui ! C'est trop injuste. Fini la liberté ! C'était ma vie, ma belle vie ! Tout est ma faute ! Punie d'avoir été imprudente. Va falloir que je prenne le bus ou que je me hisse sur la vieille bécane de Jean-Loup. Ce salaud de voleur va le maquiller, le brutaliser. Si je déclare le vol au commissariat, je serai obligée de reconnaître qu'il n'était pas cadenassé. Pourquoi ne l'ai-je pas mieux protégé ? Pourquoi l'ai-je abandonné ? Je suis trop naïve, trop confiante, trop sotte !

En marchant d'un bon pas, j'arriverais à la maison en vingt minutes. Devant le musée de l'Impression sur étoffes, rue Jean-Jacques Henner, un type en anorak roulait sur un Solex semblable au mien. Je lui barrai le passage : il me traita de folle. Sur le pont de la gare, je me retins au parapet pour ne pas être emportée par le vent glacé, un goût de poisson rance dans la bouche. Au milieu de la chaussée, un chaton écrasé gisait sous les roues d'un camion.

Dans la cuisine, maman dressait l'inventaire des denrées avec Laosine. J'étais en nage, mon mascara avait coulé.

– J'ai laissé deux minutes mon Solex devant chez Bisey, il s'est évaporé.

– Que veux-tu que je te dise ? Les bras m'en tombent, geignit ma mère en jetant à la poubelle des yaourts périmés. Ça t'apprendra à prendre soin de tes affaires. D'ailleurs, pourquoi étais-tu place de la Réunion alors que tu as du travail ?

– Je cherchais un livre. Et puis, ça ne te regarde pas.

Ma mère fit tomber un paquet de nouilles qui éclata sur le carrelage, s'empourpra.

– Ne me parle pas comme ça.

J'étais déjà là-haut. Dans ma chambre, un châle sur les épaules, devant le recueil de poésie de Patrice.

Dis-moi seulement que tu m'aimes. Mes cheveux cachent mon visage mouillé. Paupières lourdes, yeux brûlés par le sel, araignée dans la tête. Le volet frappe contre la vitre. Tu es si loin, si loin de moi.

Une écriture penchée, presque fermée, difficile à déchiffrer. Des mots qui ressemblaient à des signaux de détresse. Pour me rassurer, je me disais qu'il avait dû les écrire sous l'effet d'un joint. Au café, il m'avait semblé moins noir, il avait même eu l'air heureux quand je lui avais donné ma bague. Sa peur des autres, son manque d'estime de lui-même, étaient les signes d'un spleen semblable à celui de *René* ou de ces écrivains maudits qui se complaisent dans la mélancolie. Un mal-être insondable – partie cachée de l'iceberg –, contre lequel je me sentais impuissante. Plus de deux ans avaient passé depuis le week-end de la Toussaint au Mullerhof et j'avais l'impression que nous avions terriblement vieilli. Pourtant, je voulais y croire. Il ne fallait pas qu'il sombre, qu'il me lâche la main. J'avais hâte qu'il m'emmène là où il dormait chez Georges. Il se confierait, je l'apaiserais, lui transmettrais la joie que je ressentais ce soir-là, une joie si fragile que le reste me parut vide de sens. Perdue, je me réfugiai dans mon journal : « À cet instant, je suis moi-même, mais je crains d'être assaillie par des pensées qui me parasitent, celles de mon éducation, de mon milieu. J'ai beau me remettre en question, je suis déroutée, je perds confiance. Mon esprit vacille. J'oscille entre l'attrait pour la vie parisienne et ma soif de vérité, de justice. Ce choix me torture. Mon seul recours : la poésie. Un fil si mince que j'ai peur de le perdre, comme ces idées qui naissent la nuit et que l'on se promet de noter au matin. Toute douce se pose la neige, tel un baiser. Derrière les sapins saupoudrés, le soleil sourit, puis il disparaît pour éclairer d'autres planètes. L'essentiel est de croire à son sourire. En lui. »

Après le cours de gym du lundi, j'attendis le bus pendant vingt minutes. À l'intérieur, j'étouffais parmi des petits vieux résignés à leur routine et des garçons de Schweitzer mal dégrossis. À peine rentrée, je repris mon cher cahier, mon dernier espace de liberté : « Mon esprit nage en eau trouble. Je m'affole, toujours en retard, échevelée ; je ne me contrôle plus, ne me concentre plus. Au lieu d'écrire ma rédaction au propre, j'ai fait un brouillon, perdu un temps fou. Je manque de lucidité. Il faudrait que je me méfie des jugements trop catégoriques que je porte sur les gens, que je cesse de critiquer mes parents, leur mode de vie, leur argent. Avoir de la personnalité ne veut pas dire qu'il faille imposer ses convictions, mais dépasser les apparences. Je ne veux pas penser qu'un jour, j'aurai vingt-huit ans, un mari, un métier, des idées arrêtées, ce serait trop triste. Je donnerai tout pour garder le goût du risque, la ferveur. Sur une plage du Pacifique, la neige se mêle à l'écume. Éblouie par le soleil, je m'agenouille devant la mer. Une vague monte, dos rond, chevelure d'embruns. Je veux l'apprivoiser, l'empêcher de se jeter sur moi. Elle s'élève, immense mur verdâtre. Au moment où l'eau va me recouvrir, je me réveille, ensevelie sous des monceaux d'algues. »

Le vendredi suivant, premier jour des vacances de Noël, mon père me proposa de l'accompagner à l'usine. Dans la zone industrielle, il se gara sur un parking privé. À l'entrée, un gardien souleva son képi. Les employés rentraient de leur pause-déjeuner.

Certains saluaient mon père de la tête, d'autres lui serraient la main, l'air étonné de le voir en compagnie d'une jeune fille. Nous prîmes l'ascenseur jusqu'au dernier étage, réservé à son bureau. Sièges en cuir, table de réunion, vue sur le ciel, je félicitai Dad pour l'ordre qui régnait dans cette salle, fière d'être la fille du patron. La secrétaire, toute en rondeur, nous accueillit chaleureusement. Une belle femme, plus grassouillette que la voisine. Pauvre Céline, elle a beaucoup maigri ces temps-ci. A-t-elle des ennuis ? Les mains dans les poches, mon père arpentait la pièce : pas du tout, elle est très en forme, elle va skier à Chamonix avec son mari, éluda-t-il avant de m'entraîner à la fabrique, à quelques enjambées du siège. Direction les ateliers à tisser. Dans un vacarme assourdissant, des ouvriers en bleu de travail manipulaient des machines qui débitaient du tissu à grande vitesse. Des chariots passaient, des femmes contrôlaient, taillaient, rangeaient. On s'interpellait, on riait, on chantait. Ici, on faisait les trois-huit, on avait droit à des cadeaux de fin d'année et à des primes. Mon père demanda des nouvelles de ses enfants à une couturière, mignonnette de vingt ans concentrée sur son ouvrage, s'informa de la santé de la femme d'un contremaître. Au magasin, des milliers de rouleaux s'entassaient les uns sur les autres. Une dame à chignon choucroute alla chercher dans la réserve une pile de jeans taille 38. J'en essayai plusieurs, en choisis deux, un vert forêt et un marron que j'eus du mal à boutonner. J'en aurais bien offert un à Patrice, mais il ne portait plus de velours.

Le lendemain, comme prévu, je me rendis chez Pépette. Aucune trace de Patrice. Sans doute était-il en vacances. Ma mère avait disposé des cadeaux sous le sapin, sauf le mien : un vélo d'occasion que Laosine avait dégoté au garage du père de Jackie. Assise sur la commode de ma chambre, je dégustai une sucette au caramel en lisant *Les Pensées*. Dans le jardin, Tom bombardait Oignon de boules de neige. Abandonnant Pascal, je livrais mes états d'âme, mes peurs et mes sempiternelles questions aux pages quadrillées de mon journal : « Je ne peux plus pleurer, mon cœur se crispe, j'ai froid, un goût amer dans la bouche. A-t-il cru que je le prenais de haut ? Un fossé s'était-il creusé entre nous ? Mes manières, mon arrogance ou mon mépris, héritiers implacables, ma chair, mon sang, vous êtes mes blessures. La petite lueur qui brille en moi risque-t-elle de s'éteindre par la force des vents contraires qui me traversent ? Sartre préconise l'engagement, l'acte gratuit. M'aideront-ils vraiment à exister ? Mon amour, je veux croire en la grâce, non au mal, cet abîme entre le réel et l'idéal. Je m'accrocherai à ma flamme. Une nuit, une vie à oublier qui je suis. Mon âme tend vers le Beau, le Bien. Ah ! le plus irremplaçable des êtres. Viens, j'ai besoin de toi, je suis encore la petite fille qui ne supporte pas que les fleurs aient soif, celle qui laisse un conte devant ses poupées pour qu'elles ne s'ennuient pas. »

Une boule de neige fit exploser la vitre de la véranda. Tom, toujours lui !

Jean-Loup au judo, j'en profitai pour lui emprunter sa guitare, grattai sur trois cordes, *Your Song* d'Elton John, l'air que Patrice aimait. Retour au texte : « Woodstock, ils étaient des milliers, *Brothers let's love.* Sur les chemins safran, sac à dos, pieds nus, je tiendrai ta main et dans tes yeux de braise, j'oublierai les dimanches où seule dans mon velours, je rêvais de fêtes, de ces fêtes de dieux. Ne dis rien, apporte-moi un ruban, une fleur ou un biscuit : les oiseaux s'apprivoisent. Je te donnerai des dattes, du lait. Nous irons à l'orée du bois, dans des jardins pleins de framboises, de mûres et de chiens à poil long. Je veux t'épouser. Dis-moi pourquoi je n'ai plus de courage, pourquoi mes paupières tombent. Pourquoi je suis si raide, pourquoi mon ventre gargouille, pourquoi ce silence. Pourquoi je ne dis jamais non, jamais oui. J'aimerais être ensevelie sous la neige, j'aimerais marcher sur le lac glacé du Mullerhof. La glace craquerait sous mes pas et je me laisserais couler. »

14

NOËL ET LES ROIS MAGES étaient passés, pas lui. En rentrant du lycée, je tombai sur Flo, devant la gare. Veste de cuir marron fourrée, cheveux courts, elle s'était empâtée. Elle me salua d'un geste de la main avant de cavaler. Son train pour Colmar partait dans un quart d'heure. J'étais si contente de la voir, si impatiente de lui demander l'adresse de Georges que je me mis à courir derrière elle jusqu'au quai 17 où elle alluma une cigarette avec nervosité. À Colmar, elle avait rencontré un anesthésiste et envisageait d'ouvrir un cabinet avec lui. Sa vie s'organisait alors que la mienne tenait sur pilotis. Quand je voulus savoir où logeait Patrice, elle releva sa frange et me fixa de ses yeux ronds : laisse tomber, pas un mec pour toi. La remarque me fit l'effet d'une gifle. J'agrippai la manche de sa veste : pourquoi dis-tu ça ? Tu mérites mieux, soupira-t-elle. Agacée qu'elle se défile, j'insistai : dis-moi au moins où il est. Flo m'assura qu'elle n'en savait rien. À son ton détaché, je me demandai si elle me disait la vérité. Avant de monter dans le train, elle me cracha : de toute façon, tu vas à Paris l'an prochain, on ne comptera plus pour toi, tu vas mener la belle vie, veinarde. Sidérée qu'elle m'envie, elle, l'ancienne mao, je lui promis que nous resterions amies. Son départ me plongea dans le désarroi. Le bout des doigts frigorifié, je roulai dans la gadoue jusqu'à la maison. Enfoncée dans le pouf à billes de la salle de jeux, j'écrivis un poème sinistre où il était question de filles enlevées, de cachots, de chaînes. Cette nuit-là, je me réveillai en plein cauchemar : une armée de chats rampait vers mon lit et sautait sur moi pour m'arracher les cheveux. Bref, ça n'allait pas fort.

Au carnaval, mon père avait décidé de m'emmener à Bâle où il organisait une fête sur une péniche pour ses clients. Ma mère avait tenté de l'en dissuader, il l'avait rassurée : il y aurait le fils des Kholer, Jean-Marie, étudiant en médecine. J'espérais qu'il serait plus déluré que Loïc, ce carabin. Après avoir passé la frontière, nous arrivâmes à l'hôtel Bristol, un trois-étoiles rénové tout confort, dénué de charme. Dans ma chambrette, mitoyenne à celle de papa, j'enfilai ma petite robe noire, j'appliquai du vermillon sur mes lèvres, avant de retrouver mon père au bar. Il sirotait un whisky. Sur le comptoir, *L'Alsace*. On y annonçait l'assassinat de Pierre Overney à la sortie de l'usine de Renault-Billancourt. Trop tard pour lire l'article, une Mercedes grise nous attendait.

Sur les bords du Rhin, une passerelle menait à une péniche couverte d'une toile blanche. Deux accordéonistes jouaient de vieilles rengaines. En Tyroliens, Suisses et Allemands embarquèrent, leur maîtresse au bras. Papa fit les présentations, oubliant de préciser que j'étais sa fille. On le complimenta. *Ya voll, gans shön*. Oh ! très jolie, rugit un mastodonte, l'eau à la bouche. La péniche s'éloigna du quai. Combien de temps allais-je rester dans cette galère ? Des couples se dandinaient sur *Les Bals populaires* de Régine. Le carabin étant de garde à l'hôpital, pas un seul homme de moins de quarante ans. Au buffet, la bière coulait à flots. Mon père ouvrit le bal avec moi : j'étais là pour appâter ses clients ! Mon éternel sourire aux lèvres, je me laissai guider : deux pas de côté… j'avais déjà tout oublié. Penchée sur l'eau grise où passaient des bateaux-mouches, je crachai un bout de saucisson pour nourrir les poissons.

Bras dessus bras dessous, des Allemands chantaient à tue-tête, levant la jambe à droite à gauche. Des pignoufs ! Le visage en feu, mon père me prit par la taille et me fit entrer dans la queue leu leu. Je me sauvai vers le buffet. Les yeux imbibés d'alcool, il revint vers moi, posa ses mains sur mes épaules, tituba, s'écrasa sur moi. Je tentai de me dégager, en vain. Ses doigts s'accrochaient à mon cou. Il postillonnait. Sa langue pendait, glissant sur le lobe de mon oreille. Deux molosses finirent par le soulever et le menèrent, cahin-caha, jusqu'à la Mercedes. L'un d'eux prit le volant. À l'arrière, la tête de papa dodelinait sur mon épaule.

Pendant que l'un des colosses l'aidait à rejoindre sa chambre, le réceptionniste me héla : mademoiselle Monin, on vous demande. Dans le hall, un gaillard coiffé en brosse, haut comme l'Empire State Building, me fit un clin d'œil. Jean-Marie Kholer s'excusa de son retard, m'entraîna au bar de l'hôtel, sorte de club anglais. Carrure imposante, visage épanoui, yeux de renard, il préparait l'internat, voulait se spécialiser dans la psychiatrie. À la fin de son monologue, il jeta un regard furtif à sa montre, me proposa de le raccompagner à l'hôpital, à deux pas. Soulagée de m'éloigner de l'hôtel, je laissai à l'Allemand le soin de déshabiller mon père et de le mettre au lit.

L'odeur de l'éther m'étourdissait. D'interminables couloirs menaient à la chambre de Jean-Marie, meublée d'un lit et d'un placard en fer. Sur une table, un stéthoscope, une seringue. Quand on est de garde, il faut accepter d'être dérangé à n'importe quelle heure, me prévint-il. Dans un silence révérencieux, il me déshabilla avec lenteur. Mes seins glissèrent de mon soutien-gorge, deux poissons aux yeux roses qu'il palpa comme un gynéco, à l'affût d'une anomalie dans mes glandes mammaires qu'il trouvait étrangement denses. Son bip sonna. L'air grave, il enfila une blouse blanche. Dès qu'il fut parti, je m'en retournai au Bristol. J'eus beau me débarbouiller, les mains moites du toubib me collaient à la peau. Impossible aussi d'oublier l'haleine de mon père – cette haleine de cidre, d'acétone.

Les crocus avaient percé la pelouse. Depuis ma virée à Bâle, j'avais maigri, je ne sortais plus. Pour me distraire, maman m'offrit de jolis ciseaux, un bracelet-montre et une coupe chez le coiffeur.

Un matin, elle me demanda de l'accompagner à la gare, où elle devait prendre la navette pour l'aéroport. Elle allait passer quelques jours à Paris : des rendez-vous au ministère, le baptême d'un neveu dont je ne me souviens plus. Dans son manteau jaune, sac et parapluie assortis, elle avait l'air d'une jonquille. En descendant la rue Élisabeth, elle me parla de l'échelle des valeurs, de la nécessité de distinguer l'essentiel et l'accessoire. Où voulait-elle en venir ? J'aurais aimé qu'elle se confie davantage, j'aurais aimé rire avec elle. Maman était si discrète, si sérieuse. Sur la passerelle piétonne qui conduisait à la gare, elle reprit son souffle : Loïc est admis à Polytechnique. Il serait ravi de t'inviter à la rentrée dans des bistrots de la Montagne-Sainte-Geneviève. Un homme de bonne compagnie, ajouta-t-elle en retenant le bas de son manteau que le vent soulevait. Rassurée de ne pas être seule à Paris, je me disais qu'au fil du temps, je finirais par aimer cet X, les chorales et le chant grégorien. Nous étions en avance – maman prévoyait toujours large. Sur un banc du parking, elle me félicita pour mes notes. Étonnée par ce compliment, j'en déduisis qu'elle était soulagée que je quitte la maison. Non pas qu'elle ait voulu se débarrasser de moi comme d'une rivale, quoique… mais plutôt parce qu'elle tenait à ce que je prenne mon indépendance. Même si j'appréhendais cette nouvelle vie, je n'étais pas mécontente de ne plus devoir tenir compagnie à mon père tous les soirs. Son sac et son parapluie sur les genoux, ma mère noua son foulard.

– Je suis heureuse que tu te sois calmée, dit-elle. Ton adolescence a été pénible. Tu sais, j'ai toujours voulu que l'harmonie règne dans la famille. J'essaie vous traiter tous de la même façon.

– Comme quand tu nous habillais en Dalton, avec des tee-shirts rayés !

– Ne te moque pas. Lorsque j'étais étudiante en Georgie, les Américains m'ont appris qu'il fallait expliquer les choses aux enfants, privilégier le dialogue. Voilà pourquoi je refuse de vous gronder, même s'il m'est déjà arrivé de le faire.

C'était vrai. Je la voyais rarement se mettre en colère, mais je sentais encore ma peau brûlante lorsqu'elle nous donnait des fessées, à Mohammedia. Elle ouvrit *L'Alsace* et je me disais que n'avais pas envie de lui ressembler ni d'être comme Diane ou bonne-maman, des femmes qui se contrôlent en permanence – discrétion oblige. J'ignorais alors que la colère peut être saine, qu'elle nous évite des frustrations, des allusions mesquines. Au lieu de s'emporter, maman nous faisait sentir par mille remarques que nous l'avions blessée, déçue. Au moment où l'on s'y attendait le moins, elle revenait sur ce qu'elle avait sur le cœur :

Marthe ne l'avait pas remerciée pour son tutu, Jean-Loup avait mis un autocollant sur sa 404, Violette avait perdu sa médaille de communiante, Tom avait oublié la pâtée d'Oignon, je lui avais piqué son mascara… Que sais-je ? Quand ses yeux s'embuaient et qu'elle me reprochait de lui avoir fait de la peine, j'avais l'impression d'avoir toujours tort. Je me sentais alors obligée de lui dire mes petits secrets, de me confesser. Un jour, je lui avais avoué que Camille la trouvait dure, elle s'était effondrée. Et je m'étais jurée de me taire la prochaine fois.

La navette se gara devant nous. Maman m'embrassa en me promettant de me rapporter un gadget du Drugstore. J'aurais voulu la remercier de sa patience. Les mots ne venaient pas.

Avant de rentrer, je filai au kiosque à journaux pour parcourir *Paris-Match* et ne pus m'empêcher de feuilleter *Lui*. Les photos de femmes aux seins lourds m'ont toujours émoustillée. Un paquet de Kent en poche, je me dirigeai vers la passerelle lorsque j'aperçus Patrice grimper dans un wagon du train de Strasbourg. Le temps de dévaler les marches d'un escalier roulant, j'étais devant la voiture 13, courant d'une fenêtre à l'autre. Il prit place, je frappai au carreau, il leva le nez, me fit signe de le rejoindre à l'entrée. Dès qu'il apparut sur le parapet, on annonça un départ imminent. Il avait des yeux délavés, comme la pluie grise. Je me mis à crier : quand reviens-tu ? Il soupira : je ne sais pas, je n'ai plus un rond, mais je vais m'en sortir, ma chérie. De peur de ne plus le revoir, je lui promis de lui donner mes économies. Sûrement pas ! J'ai ma fierté, moi ! lança-t-il alors que la porte se fermait. Derrière la vitre, son sourire était si triste que j'eus soudain envie de le suivre, de tout quitter, de fuir cette ville. Pour lui. Rien que pour lui. Il aurait suffi d'un geste pour que je fasse pivoter la poignée et que je saute dans la rame qui mugissait. Je restais sur le quai, bras et jambes engourdis. Mon corps ne m'obéissait plus. Quand le train s'éloigna, je murmurai « je t'aime » avant de m'effondrer sur un banc.

Accoudée à la rambarde, je ne pouvais détacher mes yeux des rails qui se croisaient à l'infini. Mes bras tremblaient, ces bras qui m'avaient trahie, m'avaient immobilisée, comme le jour où Patrice avait déboutonné ma tunique dans la salle de bain. La peur, si proche du désir, m'avait interdit de monter dans le train. Peut-être aussi le regret de l'avoir vexé quand je lui avais proposé de l'argent. Il avait dû penser : on ne m'achète pas, je ne suis pas un clochard, encore moins un gigolo. Une fois de plus, mon impulsivité m'avait joué un tour. Je me demandai si la drogue pouvait être à l'origine de ses besoins d'argent, de sa maigreur, de sa pâleur, mais je n'y connaissais rien. Sur le sol, une pièce d'un franc. Je la ramassai, y vis un signe : suis-je bête ! Il est à Strasbourg ! Nous nous y retrouverons. Il doit loger chez un ami, un copain de fac. Christian m'en dira plus.

Rue Élisabeth, ma piécette sur une page blanche, je déchantais : « Patrice était à Mulhouse, il n'a pas souhaité me revoir. Il y a une autre fille dans sa vie, j'en suis sûre. Avec le temps, les êtres que nous avons follement désirés deviennent-ils de pâles copies d'eux-mêmes, des portraits en noir et blanc, pareils à ceux du missel de bonne-maman ? J'y réfléchirai demain. Dans un mois, j'aurai dix-sept ans. Je ferai une retraite à Taizé, je dormirai à la belle étoile, je me purifierai et la joie qui m'envahira ne me quittera plus. »

Christian n'avait pas revu Patrice depuis le séjour au Mullerhof et me conseilla ne pas m'en préoccuper : s'il déconne, on n'y peut rien. Je réussis à joindre Camille avant qu'elle parte à un dîner chez Maxim's. Gérard avait refusé de faire un virement à son fils, ne voulant pas financer son « vice ». Lorsque j'évoquai la fin des *Chemins de Katmandou*, Camille pouffa : les hippies, c'est de l'histoire ancienne ! Patrice est plus solide qu'on ne le pense.

Dans l'entrée, ma mère disposait un bouquet de lilas près de la statue de la Vierge bretonne en chantonnant : *c'est le mois de Marie, c'est le mois le plus beau.* La foi la rendait joyeuse. Moi, je n'avais pas le cœur en fête. Après le lapin au vin blanc du dîner, je me lavai les cheveux, la tête à l'envers – j'avais abandonné la camomille pour qu'ils retrouvent leur châtain naturel. Dans ma vieille chemise de nuit, les genoux repliés, toute nouée, je griffonnai : « J'ai longtemps cru qu'on pouvait sauver les autres. À présent, j'en doute : Patrice a *sa fierté,* mieux vaut le laisser suivre son chemin, même si je ne peux m'endormir sans l'imaginer blotti contre moi. Pourquoi devrais-je passer ma vie à marcher contre le vent, en proie aux puissances trompeuses dont parle Pascal – la peur, l'étroitesse d'esprit, la concupiscence, la vanité, les illusions ? Mieux vaut me protéger pour ne plus souffrir et apprendre à rire de moi-même. »

Les cours se terminaient dans dix jours. Le ciel était gorgé d'eau. Ses gros seins moulés dans un chemisier violet, la prof d'allemand grimpa au perchoir. Je me mis à gribouiller un poème. Elle pointa sa règle vers moi.

– Chuliette, apportez-moi les papiers qui sont sur votre bureau.

Les coudes sur la table, je la narguai sans piper. Elle grimaça avant de bondir vers moi pour me gifler. À cet instant, un cri perça le ciel. Les élèves accoururent aux fenêtres. Sur le béton, le corps fracassé d'un lycéen. Le directeur cavala vers lui. Un attroupement se forma. Une ambulance arriva. Le jeune homme fut emporté sur un brancard. Il s'appelait Serge, il était en seconde et il avait sauté du quatrième étage. Un bon élève, un peu renfermé, sans histoires.

Le cours fut interrompu. En pédalant à toute berzingue, j'évitai de justesse de me faire écraser par une voiture. Le frein de mon vélo lâcha. J'appelai à l'aide Maurice, un camarade de classe qui discutait avec un copain, sur le bord de la route. Pas le temps, grogna-t-il en sautant sur sa mobylette. Pauvre con ! Vive l'amitié !

L'air se parfumait de freesia. Impossible de m'endormir. Le suicide de Serge me hantait. Comment peut-on renoncer à la vie à seize ans ? Mon stylo tremblait : « À genoux, face à la nuit fleurie d'étoiles, j'accueille cette force mystérieuse, cet appel venu du fond de mon être qui pourrait avoir le visage de Dieu. Bientôt, je reviendrai à Taizé où j'ai passé la nuit de Pâques à chanter devant un grand feu avec des jeunes, je partirai dans un kibboutz, j'irai à Bénarès, loin d'ici, là où l'amour est possible, là où tout est pardonné, tout est oublié. »

Mon père me trouva un nouveau job d'été : vendeuse à Euromarché au rayon fromages. Par un petit matin de juin, un bus me déposa à Illzach, à dix minutes à pied du supermarché. Au bout d'un parking, des employés s'engouffraient dans le magasin par la porte de service. Un barbu m'indiqua le bureau du responsable, à l'étage. Dans une pièce minuscule, devant une tasse de café, M. Durer, sourcils épais, me serra la pince. Mademoiselle Monin, j'espère que vous parlez l'allemand, nos clients viennent de Zurich, de Fribourg, de Bern ou de Bâle. Flanquée d'un badge, je finis par trouver le stand de fromages à la coupe près la boucherie. Trois femmes allaient et venaient d'une salle réfrigérée avec d'énormes gruyères qu'elles plaçaient sur un étalage où j'eus tôt fait de repérer mes préférés : la vieille mimolette et le parmesan. Irène Schmitt, nez en trompette, me confia une blouse. Derrière le comptoir, j'appâtais le chaland en tendant une panière de carrés de chèvres en guise de dégustation. Dans la chambre froide, je taillai une lichette de munster, creusai un trou dans un roquefort. À force de grignoter, Irène s'en aperçut, me fit la leçon et me chargea de la vente de crèmes amaigrissantes au chocolat. Postée entre les étagères de café et de sucre, à côté d'un présentoir de boîtes Chocomince, je testai le produit : écœurant. Deux clientes rondouillettes se dandinaient. En bonimenteuse avisée, je les baratinai, affirmant avoir perdu quinze kilos en deux mois grâce à Chocomince. Vendu !

Un jeudi à midi, j'eus la surprise de voir Maïa, en face des paquets de Bonux. J'attendis qu'elle remplisse son caddie pour m'approcher. Les yeux cernés, elle frémit, avant de pousser son chariot vers les yaourts. Je la rattrapai.

– Maïa, je suis Juliette, une amie de Patrice. Vous ne vous souvenez pas de moi ?

Les mains sur son caddie, elle me regarda avec méfiance. De crainte qu'elle ne m'échappe, j'allai droit au but : comment va Patrice ? Maïa inspira longuement, me scrutant, comme si elle me testait.

– Vous ne pouvez pas comprendre ce que ressent une mère quand son fils est en danger. La dernière fois qu'il est revenu à la maison, je l'ai trouvé très agité, par moments agressif. Persuadée qu'il était sous l'emprise de la drogue, je l'ai l'interrogé. Il a prétendu qu'il avait arrêté. Je lui ai donné l'adresse d'un psychologue à Strasbourg. Dix jours plus tard, impossible de le joindre. J'ai pris le train, l'ai cherché partout. En pleine nuit, il errait dans une ruelle de la Petite France, grattant sa guitare, chantant *You are my baby*, ou *Lady lay*. Gérard n'a pas pu venir. Je n'ai quitté mon fils que lorsqu'il a retrouvé ses esprits. Il vient de m'annoncer qu'il partait dans le Sud. Comme le dit Gérard, quand on tombe au fond du trou, on ne peut que rebondir.

Je posai ma main sur la sienne.

– Ne vous inquiétez pas. Il sera plus heureux au soleil.

Maïa ébaucha un sourire.

– Si vous le dites… Il faut que je file, j'ai trop parlé. Promettez-moi de rester discrète. Si j'en sais plus, je vous préviendrai.

Je promis. Elle s'engagea dans l'allée des bouteilles de vin, accéléra l'allure. Mme Schmitt m'envoya chercher des munsters au cumin. Dans le local glacial, je claquais des dents. Maïa s'était fanée. Elle ne devait plus aller à son cours de tango, elle avait renoncé au plaisir. Lise mariée, Gérard parti avec sa meilleure amie, elle était seule à se battre pour sauver son fils ; elle n'avait plus que lui. Je revoyais Patrice se délecter d'un joint, comme il devait le faire chaque soir dans sa chambre, persuadé que c'était le monde – et non lui – qui ne tournait pas rond. Quelque part, en Provence, il se promenait dans les vignes, il jouait les chansons que nous aimions. Je n'aspirais plus qu'à une chose, qu'il se libère de ses démons et soit en paix.

Le dernier jour, à l'heure du dîner, après le tajine de Laosine, je disposai quatre fromages de chèvre, deux camemberts, deux bleus d'Auvergne, un bigoton, trois roblochons, un cabécou sur un plateau d'osier, les apportai en triomphe et annonçai à la famille que l'ensemble n'avait coûté que quinze francs. Mon père s'emporta :

– C'est une plaisanterie, j'espère. Tu te rends compte de ce que tu as fait ? Tu vas aller les rapporter illico à l'Intermarché.

Ne me restait plus qu'à regagner ma niche, suivie par Oignon, la queue basse, satisfaite d'avoir été une petite voleuse, du côté de Patrice.

15

SUR LE QUAI DE LA GARE, je tirais une valise à roulettes pleine à craquer. Maman insista pour que je l'appelle dès mon arrivée à Paris. Voiture 17, siège 32, assise dans le sens contraire de la marche, en face d'une vieille dame qui dégustait un jambon-beurre, j'ouvris la fenêtre. Maman agita son gant de cuir tourterelle. Dans ses yeux, une lueur d'approbation : j'étais devenue celle qu'elle désirait que je sois.

Lorsque le train démarra, j'eus l'impression que c'était le quai qui bougeait. La silhouette de ma mère rapetissait peu à peu. Bercée par le roulement, je laissais courir mon regard sur les maisonnettes de brique rouge, les cheminées de la banlieue de Mulhouse, les toits de tôle des usines et des entrepôts. Il me restait quelques pages avant de terminer mon cinquième cahier Calligraphe bleu-vert : « Je monte à Paris. Demain, j'entrerai dans le collège où maman a passé son bac, je ferai partie du rallye Rubis, je prendrai des cours de théâtre, j'écrirai des romans. Demain, je serai moins insouciante. Demain, ma vie d'étudiante commence, un pas de plus vers la mort. »

Gare de l'Est, à la station de taxis, mes mocassins prenaient l'eau. Il était 20 heures, j'avais peur d'arriver en retard à Holy Child, un foyer d'étudiantes tenu par des religieuses anglaises où je logerai, à deux pas du collège. À Neuilly, une Simca me déposa rue Perronet, devant une porte qui s'ouvrait sur un jardinet, une bâtisse blanche. *Sister* Jane, la mère supérieure, les cheveux aussi gris que son habit, me tendit la main : *welcome*, mademoiselle Monin. En m'indiquant les horaires de la maison, elle s'empressa de me conduire à ma chambre – qui donnait sur une cour où des pigeons roucoulaient dans le feuillage d'un tilleul. Chemisiers, jupes plissées et pulls rangés dans un placard, je disposai mes fournitures de rentrée sur une table, sans oublier mon ourson et une photo de la famille. À l'intérieur de ma trousse de toilette, un savon blanc tout neuf. Une odeur d'enfance, de lait et d'amande me transporta dans mon ancienne pension, au Carmel Saint-Joseph, où j'avais si souvent eu le cafard. Le savon était une délicate attention de ma mère. Elle avait pris soin de me parler des professeurs du lycée, des religieuses en civil, cultivées et exigeantes, appelées « les demoiselles ». Elle s'était exaltée : les élèves ont de l'esprit, des manières, elles deviendront l'élite du pays. Je me sentais déjà ridicule.

Deux jours après, sous les vieux chênes qui bordaient le lycée, les terminales en uniforme bleu marine faisaient leur rentrée. Par petits groupes, elles se racontaient leurs vacances. Un chauffeur ouvrit la portière à une blonde, les cheveux jusqu'à la taille. La diva se précipita vers ses amies, exhibant sa bague de fiançailles, un anneau serti de rubis et de diamants.

Au rez-de-chaussée, un couloir longeait un mur de bois sombre d'où l'on apercevait, à travers des sortes de moucharabiehs, un prêtre en chasuble célébrant la messe. Au premier étage, la classe des terminales A5. Dans le brouhaha, une rouquine se vantait de parler six langues, de prendre des cours à domicile. Une belle plante au cou de girafe se targuait d'avoir posé pour *Vogue*. Je m'installai près de la fenêtre, à l'écart.

– Silence ! vociféra une vieille enseignante rabougrie. Je suis Mlle Vertouille, votre professeur de philo, je ne supporterai aucun bavardage. Vous voilà prévenues. Nous allons commencer par saint Augustin, notre maître absolu, puis nous reviendrons à Socrate et à Platon.

En rentrant du collège, j'achetai une botte de carottes, des pommes et des yaourts nature afin d'éviter de dîner au réfectoire. Je préférais plancher sur la philo. Des Grecs à Sartre en passant par Foucault ou Derrida, je voulais tout lire, m'imaginais déjà à la Sorbonne, en lettres, en philo ou en psycho, sans trop savoir à quoi cela me servirait.

À Mulhouse, pour manquer une interro, il m'arrivait de passer un thermomètre sous l'eau chaude, mais ce matin-là, je ne jouais pas la comédie, j'avais quarante de fièvre. Après le déjeuner, Mlle Piron, le professeur de division, entra dans ma chambre comme un boulet de canon. Pendant les « avis », ces réunions des terminales qu'elle chapeautait, Piron montrait du doigt celles qui avaient piqué le petit ami d'une autre – elle avait ses espions dans les rallyes ! Il lui arrivait même de jeter par la fenêtre des romans qu'elle jugeait obscènes. Mlle Vertouille avait décrété que Sartre ne serait pas au programme. Au fond de la classe, une jolie blondinette, fille d'un intello ancien coco, s'était rebellée. Le lendemain, elle avait été virée *manu militari*. Vers midi, Camille m'appela. Elle se mariait en juin dans la propriété de Sologne de Pierre-Alexandre. D'ici là, elle serait très occupée par les préparatifs. Avant de raccrocher, elle glissa : tu te rends compte ? Patrice est représentant de commerce en crèmes glacées. Il sillonne la Côte d'Azur, fait du porte-à-porte. Pas terrible pour un type qui a fait philo. Gérard envisage de le prendre à l'essai. Ça devrait s'arranger. Je reconnus que ce job n'était pas à son niveau, me disais que nous nous reverrions un jour, à Paris chez tante Monique, et cette perspective me rassura. Un instant, je l'imaginai en brillant homme d'affaires, séduisant les amies de Camille. Tout serait encore possible. Impatiente de la retrouver, je félicitai ma chère cousine et décidai de faire une sieste.

Un soir d'octobre, mon père m'invita à dîner à Montmartre. Une sortie juste pour nous deux. Avant de partir, *sister* Jane le convoqua dans le parloir pour un entretien privé. Pendant qu'ils discutaient, je tentais en vain de me concentrer sur Bergson : *sister* Jane devait s'étonner que je mange si peu, que je ne me mêle pas aux étudiantes du foyer. Vingt minutes plus tard, mon père sortit du bureau : charmante, la mère supérieure, nous avons parlé du Maroc.

Taxi ! Direction Pigalle. Boulevard de Clichy, mon père, habillé de son velours côtelé tout serré, zieutait les prostituées. Nous empruntâmes la rue des Martyrs, puis la rue des Bouchers. Place du Tertre, quel cirque ! Papa et moi en fîmes trois fois le tour, écumant les menus à bas prix, toujours la même chose, steak-frites, omelette, pizzas. Des portraitistes alpaguaient une brassée de Japonais. Un chien errant à la recherche d'un lampadaire leva la patte et pissa sur le bas du pantalon de papa. Ça commençait bien. Merde ! Sale cabot. Il donna un coup de pied à l'animal lorsque le serveur de la taverne Tartempion lui souhaita la bienvenue. Ce chien nous emmerde depuis trois jours. Puis-je vous offrir l'apéritif ? Ça sentirait pas un peu l'urine, ici ? dit mon père. Le serveur, qui n'avait pas la langue dans sa poche, répondit : je ne sais pas si votre fille apprécie les abats, mais je peux vous proposer de très bons rognons. Je n'en avais jamais mangé et me laissai tenter. Une scène surréaliste. J'étais donc capable de dévorer des reins. Ça avait l'air d'être un grand moment pour mon père. Ce soir-là, dans l'ancien bistrot de Patachou, l'ombre de Salvador Dali planait sur la place du Tertre. Des Anglais buvaient à la santé de la chanteuse. Dad me raconta qu'elle avait lancé Brel et Brassens. Je goûtai le pouilly fumé, fière qu'il me demandât mon avis, comme à une petite amie. Je n'y connaissais rien, mais ce vin me sembla le meilleur du monde.

Ce jour-là, mon père fêtait ses quarante ans. Je l'embrassai dans le cou, lui promis de lui faire un cadeau, sans trop savoir ce qui lui ferait plaisir. Pendant que je dégustais mes rognons, je le surpris en train de murmurer : pourquoi elle ? Pourquoi ? Comme il ne m'écoutait pas, j'insistai : quelque chose te tracasse ? Il hocha la tête, finit par m'avouer : Céline Prunier a un cancer, mais elle est entre de bonnes mains. Je pris le temps de finir mon verre. En émiettant un croûton de pain, papa semblait ailleurs. Pour lui changer les idées, je lui demandai de me raconter ses aventures en Afrique, lorsqu'il vadrouillait d'un comptoir à l'autre. Il me parla de Bangui où nous l'avions rejoint, maman et moi, de ses nuits dans la brousse parmi les fauves et les éléphants, de ses chasses au buffle, casque blanc, fusil à l'épaule. Quand il attaqua un camembert, le sourire aussi charmeur que celui des silhouettes de mes cahiers, j'eus l'impression qu'il ne vieillirait pas, qu'il resterait toujours ce baroudeur de la savane, ce randonneur parti à la conquête des sommets où il cherchait ce Dieu tendre, ce vent chaud qui – seuls les sorciers le savent – emporte ceux qui ont bu aux sources du désert.

Une mousse au chocolat et nous gravîmes les escaliers de Montmartre. Sous le parapluie de mon père, je me croyais protégée de tout, du vent, de la pluie et des garçons dégoûtants. Là-haut, le ciel était bouché. Des vendeurs braillaient, proposant des souvenirs de pacotille, des pâtisseries étouffe-chrétien. Mon père m'acheta des galettes au miel poisseuses avant de me raccompagner à Holy Child où je veillai, mon journal sur les genoux. « Le vin de Pigalle m'a fait tourner la tête. Dans les yeux des filles clignotaient les lumières du Moulin-Rouge. Pour ses quarante ans, papa a fait un vœu. La guérison de Cécile, bien sûr. Il est si sentimental. La prochaine fois, nous irons chez Annibal de Coconas. »

Un lundi soir, Loïc me téléphona pour m'inviter au bal de Polytechnique. J'étais folle de joie, mais je n'avais rien à me mettre. Diane m'offrit une robe longue bleu canard de chez Plumo, me prêta sa cape. Lorsqu'il passa me chercher, *sister* Jane frétilla devant lui, émoustillée par la tenue de l'X : veste galonnée, pantalon noir rayé de rouge, épée et bicorne. Dans le taxi, je pris soin de ne pas froisser ma robe, de ne pas oublier ma pochette de satin noir.

Au pied de l'escalier de l'Opéra, bordé d'une haie de soldats et décoré d'immenses bouquets de lys et de roses, Loïc prit mon bras. Sous les roulements de tambours, je me tournai un instant vers lui, me disant que nous formions un beau couple, qu'il était bien plus intelligent que Pierre-Alexandre. Dans la salle de bal, des garçons culs serrés et des jeunes filles en robes d'organdi tournoyaient sur du Strauss. Pendant que Loïc discutait avec ses camarades de promo, je m'éclipsai vers les coulisses où de vieux lieutenants et des colonels s'encanaillaient avec des jouvenceaux. Il surgit derrière une colonne de marbre.

– Tu es si imprévisible. Je ne te comprends pas. Il faudrait que tu t'assagisses. Tu sais, moi aussi j'ai aussi des défauts. Je suis trop rationnel, trop solitaire. J'aimerais être plus énergique, plus optimiste.

Sa main se hasarda vers la mienne, hésita, se rétracta.

– L'attirance physique est trompeuse, dit-il avec gravité. Je te respecte trop pour flirter avec toi.

Je soulevai un pan de ma robe.

– Tu as raison, il vaut mieux qu'il n'y ait pas d'ambiguïté entre nous, répondis-je, convaincue qu'un baiser aurait compromis une amitié naissante, qu'il serait dommage de me jeter au cou du premier venu.

Et puis, je sentais encore sur le cou de Patrice cette odeur de fraises des bois et de crème, de je ne sais quoi ou plutôt de je ne sais que trop.

À 5 heures du matin, boulevard Saint-Germain, Loïc me déposa chez Diane et Gaston. Mes pieds me faisaient souffrir.

Quelques semaines plus tard, après la Toussaint, alors que je m'apprêtais à filer au collège pour le cours de Mlle Vertouille sur Bergson, *sister* Jane me remit une lettre de maman. Patrice s'était fait exploser avec une grenade, on l'avait retrouvé sur le parking de la gare, une bouteille de vodka vide à ses côtés.

Maïa n'a pas souhaité que les amis de son fils – pas même Camille, encore moins tante Monique – assistent à la cérémonie qui s'est déroulée dans la plus stricte intimité à l'église du Sacré-Cœur. Dans mon journal, je n'ai rien écrit à propos du suicide de Patrice, un silence qui en dit long sur mon chagrin. Un soir d'hiver, j'ai recopié ses poèmes et les ai envoyés à Flo avec un petit mot dans lequel j'expliquais que je ne pouvais pas aimer Loïc, qu'il était trop boy-scout, un colin froid. Je voulais qu'elle me donne une photo de Patrice. Je ne l'ai jamais reçue et sans doute est-ce mieux ainsi.

Fidèle à la promesse que je m'étais faite, je n'ai pas eu de petit ami jusqu'à l'âge de vingt ans. À l'époque, je partageais un appartement rue de l'Arc-de-Triomphe avec une étudiante flanquée d'un maigrichon qui bégayait. Un soir, en rentrant d'un rallye, un certain Jérôme, sacrément éméché mais plutôt mignon, m'a dépucelée. Je ne l'ai plus revu.

Il y a trois ans, un magazine m'a commandé une nouvelle que j'ai intitulée *Jolie Madame.* Pour trouver l'inspiration, je me suis acheté ce parfum qui traîne encore sur mon lavabo. Camille a lu mon texte et m'a reproché d'avoir raconté que bon-papa lapait sa soupe. Elle en a touché un mot à tante Charlotte qui m'a téléphoné, me demandant d'envoyer ma nouvelle à son amie Maïa. Celle-ci espérait peut-être y découvrir une part de son fils qui lui avait échappée. J'ignorais que Charlotte et Maïa se voyaient de temps en temps à Strasbourg, que la mère de Patrice s'y était installée.

La semaine dernière, j'ai rêvé de Patrice. Dans une grande maison pleine d'amis, Camille allait de l'un à l'autre, effleurant tantôt une chevelure, tantôt un mollet, grappillant des truffes au chocolat, des sablés. Toujours aussi mince, jupe de cuir, mohair bleu, elle étalait sur la table les photos de son jardin de buis. Son charme opérait encore. Plus enveloppé, le visage grave, Patrice semblait veiller sur elle. À sa manière de la suivre à petits pas, j'ai senti chez lui une légère inquiétude, comme si elle allait lui échapper. À l'écart, je les observais, m'interrogeant sur leur mode de vie… Puis, Patrice s'est sauvé. Je n'ai pas hésité, suis partie à sa recherche à travers une enfilade de chambres qui se vidaient les unes après les autres. Une porte dérobée s'est ouverte sur une ruelle baignée d'une lumière jaunâtre. Me sentant menacée, je me suis mise à courir le long des trottoirs où des prostituées alpaguaient le client. Soudain, près d'une fontaine, il m'est apparu. Vêtu de son jean rouge, il m'attendait, l'air un peu las. J'ai voulu aller avec lui. Il restait lointain, derrière une vitre teintée. Au moment où j'ai croisé son regard tendre, la jouissance m'a envahie, une jouissance si intense qu'elle m'a réveillée.

À croire que, pendant les songes, nos sensations sont tellement puissantes qu'elles forment une vie souterraine, nous reliant à l'enfance, à l'adolescence, aux êtres que nous avons aimés, aux émotions qui nous ont forgés, et qu'elles ne vieillissent jamais. Cette nuit-là, j'avais joui, comme le jour du BEPC, lorsque je grimpais à la corde raide. Au-delà des années, au-delà des apparences, le plaisir était resté intact, ce plaisir qu'aucune photo ne pourra refléter, la jeunesse retrouvée.

DU MÊME AUTEUR
(SUITE)

AUX ÉDITIONS PRESSES DE LA RENAISSANCE

Femmes, les grands rendez-vous de votre vie, 2007.

Les secrets des couples qui durent, 2005. J'ai lu, 2008.

L'Amazone de la foi ou la fascinante histoire de Madeleine de la Peltrie, 2005.

Le Secret de ma mère, 2003.

Georges Izard, avocat de la liberté, 2003.

AUX ÉDITIONS ALBIN MICHEL

Le Cardinal et l'Hindouiste ou le mystère des frères Daniélou, 1999. Petite Renaissance, 2008.

Composé par Nord Compo Multimédia
7, rue de Fives, 59650 Villeneuve-d'Ascq

Achevé d'imprimer
sur Roto-Page
par l'Imprimerie Floch
à Mayenne,
en décembre 2016.

Dépôt légal
février 2017.
Numéro d'imprimeur
90509

Imprimé en France